解放父母 解放孩子

快乐家庭气氛指南

〔美〕阿黛尔·法伯（Adele Faber）伊莱恩·玛兹丽施（Elaine Mazlish）著

孙 璐 译

上海社会科学院出版社

SHANGHAI ACADEMY OF SOCIAL SCIENCES PRESS

Liberated Parents Liberated Children

Your Guide to a Happier Family

阿黛尔·法伯　　　　　　伊莱恩·玛兹丽施

Adele Faber　　　　　　*Elaine Mazlish*

作者简介

阿黛尔·法伯（Adele Faber）和伊莱恩·玛兹丽施（Elaine Mazlish）是国际著名亲子沟通专家，她们的著作不仅深受家长的欢迎，而且也得到专业权威人士的认可。

两位作者的第一本书《解放父母　解放孩子》（*Liberated Parents Liberated Children*）曾荣获"克里斯多佛"奖，第二本书《如何说孩子才会听　怎么听孩子才肯说》（*How to Talk So Kids*

Will Listen & Listen So Kids Will Talk）销售量超过300万本，被翻译成30多种语言。关于这本书的讲座教材和录像带被全球20多万个亲子团体所使用。

随后她们又出版了一系列亲子教育图书，其中《如何说 孩子才肯学》（*How To Talk So Kids Can Learn At Home and In School*）被美国《儿童》杂志评为"家庭教育年度最佳图书"；《如何说 孩子才能和平相处》（*Siblings Without Rivalry*）荣登《纽约时报书评》畅销书排行榜第一名。

自从《如何说孩子才会听 怎么听孩子才肯说》出版以来，两位作者在美国和加拿大各地为父母、老师和职业心理医师进行幽默、鼓舞人心的演讲和培训。她们持续开展的工作被拍成系列片在电视台CBS节目中播放。她们还经常出现在《早安美国》（*Good Morning America*）和《欧普拉》（*Oprah*）等热门电视节目里。

两位作者都曾师从于已故著名儿童心理学家海姆·吉诺特（Haim Ginott）博士，她们是纽约市社会研究新校（New School of Social Research）和长岛大学家庭生活协会（Family Life Institute of Long Island University）的创建者。

阿黛尔·法伯，本科毕业于美国皇后学院戏剧专业，获学士学位，又在纽约大学获教育学硕士学位。她曾在纽约市的高中任教8年。

伊莱恩·玛兹丽施，本科毕业于纽约大学，获舞台美术的学士学位，毕业后创建并指导了格罗斯维诺尔和雷诺克斯·希尔社区活动中心的儿童节目。她同时也是一位专业的画家和作曲家。

两位作者都是三个孩子的母亲，她们已被收录于美国名人录。

目录
Contents

的感觉。

○当遇到更大的伤害时，承认痛苦的情感会让孩子变得坚强。

○只要世界上有一个能真正听懂和理解的人，这痛苦就能够忍受。

　○如何成功地转化孩子不好的情绪。

　○真正的情绪转换大师是孩子自己。

第二部分　父母也是人

第 *9* 章　接受我们自己的感觉 / 149

　○也许我们不总是清楚自己的感觉。

　○坦白自己的糟糕感觉其实是一种释放。

　○我们也需要独立于孩子之外的生活。

　○为人父母的首要职责应该是：对自己负责。

第 *10* 章　保护家庭，从保护自己开始 / 163

　○无视自己的负面情绪，会让全家人跟着遭殃。

　○如何更好地保护自己的感受。

　○坚持强调自己感受的重要性，就是为孩子竖立好榜样。

第 *11* 章　如何面对负罪感 / 173

　○孩子的需要和父母的需要冲突了怎么办?

　○孩子的快乐不能建立在父母的痛苦之上。

　○找能够倾听而不做出评判的人诉说。

　○和自己对话。

　○当孩子发现自己有能力触发父母的负罪感，就
　　相当于给他（她）一颗原子弹。

再版序言　重读这本书

得知我们的出版人准备以全新的封面包装出版我们的《解放父母　解放孩子》，我们欢欣鼓舞。一般的平装书在一家书店里的上架时间平均只有几个星期。这本书是我们的处女作，出版已经有16年了（第一版1974年），但读者的需求却日趋旺盛，所以有必要赋予它更有吸引力的包装重新出版。最有意义的是，这次再版给我们一个机会，为本书撰写后记，以便使它顺利进入21世纪。

我们开始做多年来都未做过的事情：重新阅读这本书。就像翻动一本旧相册一样，我们几乎辨认不出自己的形象。那时，我们是年轻的母亲，试图通过学会更多有效的方法来和孩子打交道。现在，孩子长大了，我们又教给新一代的父母我们学到的东西。

世界发生了多大的变化啊！那么多我们曾认为顺理成章的事情，现在我们自己都会觉得陌生和奇怪：我们书里的母亲们几乎都在家带孩子，父亲们都在外面工作。我们只写了一个单亲家庭，连一个继父母组成的家庭都没写，因为那时候我们不认识这样的父母，更不用说讲述父母两人都工作、丈夫在家操持家务或者为孩子寻找日间托儿所时遇到问题的家庭的故事了。

不过，因为重读了每个章节，我们也意识到其实变化的东西并不多。如今的父母仍然担心孩子的快乐、交朋友、学习生活等等问题；他们仍然为孩子的吵架、抱怨、懒散、混乱的房间、挑衅的态度而烦恼；仍然被自己的负罪感、愤怒和对孩子负责的压力所困扰。

我们自豪地注意到，在某些方法上，我们的书仍然领先于时代。它能够让孩子相信自己的感觉，相信自己有能力保护自己；它探讨了如何从令人沮丧的角色扮演中解放孩子的多种方法；它描述了很多建立自尊的有效途径。我们还看到，书中真实地反映了父母的愤怒——从普通的生气到失去控制的狂怒——探寻应对愤怒的方法，以便避免孩子成为我们的受害者。我们一次又一次地强调"尊重"这个主题。尊重父母，尊重孩子，尊重人在一起相处的不易。

读完《解放父母 解放孩子》的最后一章，我们仿佛重新感受到当年写作本书的动力和激情——不仅因为这本书没有过时，还因为书中的原则和技巧对现在的我们来说比过去更重要。现代社会充满了压力，现代的父母们更是处于巨大压力之下，他们试图"全部做到"，很多人甚至是孤军奋战，往往是有心无力，还经常发脾气，抱怨时间不够用。我们相信，书中讲述的真诚、关切的沟通方法可以为现代家庭的稳定和健康作出重要的贡献。

一点说明

　几乎在我们刚刚有写作本书的意图的时候，我们意识到一个问题：我们怎样才能真诚地讲述自己的故事，又不会侵犯小组中其他成员以及我们自己家庭的隐私呢？我们决定创造一系列的人物，他们的故事是根据我们自己和我们认识的其他父母的经历编写的。珍，故事的叙述者，就是我们自己，她表现出我们最好的一面、最坏的一面。虽然她只是个影子，但是，她代表我们忠实地对你讲述。

　　　　　　　Adele Faber（阿黛尔·法伯）
　　　　　　　Elaine Mazlish（伊莱恩·玛兹丽施）

引 言

我们享有过独一无二的荣幸：在5年多的时间里，我们曾是海姆·吉诺特（Haim Ginott）——心理学家、演说家、作家——开办的一个父母研讨班的学员，接受吉诺特博士的私人指导。他是少有的老师，能把难懂的概念阐述得十分清晰，如果我们希望再次听他讲述这个概念，他随时都会重复出来，而且激发我们产生新想法。他要求我们试验学到的东西、分享我们的发现、探索和发掘我们自身的潜能。

试验的结果影响深远。在努力将理论应用到实践、用自己的方式诠释理论的过程中，我们自己、我们的家庭以及小组的成员都发生了变化。

吉诺特博士传授我们如何更好地帮助孩子、如何更加善待自己的技巧，我们的成就都应归功于他。现在，我们再也无法报答他了。我们能做的，只有把自己的经验记录下来，与其他父母分享，希望他们能从中汲取可以帮到自己的内容。

第 1 章

讲述那些孩子愿意接受的语言

*避免评价孩子的性格能力，描述见闻和感受。

*倾听孩子简单话语背后的真正含义。

*那些孩子喜欢的语言，我们自己讲起来不习惯怎么办?

*过分使用语言技巧，也会让孩子习以为常。

*学会新的语言，还要完全忘记旧语言。

*为人父母的主要目标应该是帮助孩子成为仁爱坚强的人。

那些描述性的话语，如同轻吐的莲花，
让孩子得到更多自由。

这没有道理。

如果我做得对，那为什么许多事都会朝相反的方向发展？

我曾毫不怀疑，要是我表扬了自己的孩子——让他们知道我有多么珍视他们的每一点努力和每一次进步——他们自然能变得自信。

可是，吉尔为什么非常缺乏自信呢？

我曾相信，如果和孩子们讲道理——冷静地、有逻辑地解释不得不做某些事的原因——他们就会作出合乎情理的回应。

那为什么每次给大卫解释这些事的时候，他总是争论不休？

我曾经真的相信，如果我不逼迫孩子们——如果我让他们做自己力所能及的事情——他们就能学会独立。

那为什么安迪既依赖别人又喜欢抱怨？

情况有点让人抓狂。然而，最让我担心的是我最近的行为，这太讽刺了！我，即将被评为"世纪最佳母亲"的人——我，面对超市中遇到的那些朝着孩子叫嚷、拉扯的"刻薄"母亲们时，总是保有一份优越感的人——我，曾经决心不在自己孩子身上重蹈我的父母覆辙的人——我，曾经觉得自己能够给予别人很多的人——我，温暖的关怀、极大的耐心、对活着的喜悦——我，在今天早晨，走进了孩子们的房间，发现地板上布满了手指画，忍不住发出一声尖叫。顿时，超市中的严厉母亲们，与我相比简直成了天使。但是，更使我本人吃惊的是自己说出的话："恶心……懒鬼……难道你们一分钟都不让我省心？"这些话正是我童年时听过、也是最讨厌听到的。

我的耐心去哪里了？我准备带给别人的欢乐在哪里？我是怎样远离了最初的梦想的？

怀着这种心情，我在幼儿园里偶然发现一条通知，内容是提醒父母们，今晚有一位儿童心理学家的讲座，虽然已经累了，但我知道自己会去参加的。能不能说服海伦和我一起去呢？

这很难说。海伦经常说她不相信专家，她倾向于依靠她所谓的"常识和自然的直觉"，不像我，作为母亲，她对自己的要求不多，也不会给孩子们设定远大的目标，也许这是因为她是个雕刻家，只对户外感兴趣。无论如何，有时我很羡慕她随和的脾气，还有那种全然的自信。她看上去对一切总是很有把握……虽然最近她也开始抱怨孩子们。显然，最近几周他们吵得挺厉害，无论海伦怎么做都无济于事，看起来常识和直觉都没法帮她控制每日都在蔓延的战火了。

拨打海伦的号码时，我想，发生了最近这些事，她也许能放下对专业人士的偏见，和我一同前往。

但是，海伦相当固执。

她说，就算是西格蒙德·弗洛伊德本人主讲，她也不会去参加儿童心理学讲座。

她说，她听够了虚伪的老生常谈：孩子必须拥有爱、安全、牢固的限制、爱、连贯性、爱、灵活性、爱……

她说，上一次参加这种讲座之后，她绕着房子足足走了3天，焦虑地计算着自己付出过多少"爱"。

她说，在上次的旧伤恢复之前，她不会再冒险参加任何令人紧张不已的讲座了。

电话中海伦那头，传来了一声尖叫。

我要告诉妈妈！我要告诉妈妈！

你告诉她的话我还干！

妈妈，比利朝我扔积木。

她踩到我手指头上了！

我没有。你这个大笨蛋！

"噢上帝，"海伦哀叹道，"他们又开始了！我得随便找点什么事出去躲一躲！"

8点钟，我把她接上了车。

那天晚上的主讲人是海姆·吉诺特（Haim Ginott）博士，他是儿童心理学家，新书《父母与孩子之间》的作者。他的演讲由一个问题开始："我对孩子们说的话有什么与众不同之处？"

我们茫然地面面相觑。

"我使用的语言，"他接着说，"不会对人作出评价，我避免评价孩子的性格或能力，决不会用诸如'傻、蠢、坏'之类的字眼，甚至也不使用'漂亮、很好、真棒'这样的词，因为它们没有用；它们会给孩子制造障碍。我使用描述性的语言，描述我的见闻和感受。

"最近，儿童游戏室的一个小女孩给我一张画，问我：'画得好不好？'我看了看，回答：'我看到一座紫色的房子、红色的太阳、带条纹的天空、还有很多花。它让我觉得仿佛来到了乡村。'她微笑起来，说：'我要再去画一幅！'

"假设我这样回答：'真漂亮，你是个了不起的艺术家！'我敢保证她那天再也不会画了。毕竟，得到了'漂亮'和'了不起'这种评价，谁都会偷懒的。我深信：评价性的语言会阻碍孩子前进的脚步，描述性的语言才给他（她）真正的自由。

"我也喜欢用描述性的词语，"他继续道，"因为它们促

5

使孩子自己找到解决问题的方案。举个例子：如果一个孩子弄洒了一杯牛奶，我会对他说：'我看到牛奶洒了。'然后给他一块海绵。这样，我就避免了批评他并抓住了重点——让他明白需要怎么做。

"如果我这样说：'笨蛋，你老是弄洒，永远也学不会，对吧！'我们可以肯定，这个孩子的所有精力都会放在为自己辩解而不是解决问题上面。他可能会说：'波比推了我的胳膊！'或者'不是我干的，是小狗弄的。'"

这时，诺布尔女士——她在本社区的大多数话题讨论中享有权威的声望——举起了手。"吉诺特博士，你讲得很有意思。可是，我总觉得，只要孩子知道你爱他，那么你对他说什么就没有那么重要。如果他感觉到你真的爱他，我相信你几乎说什么都可以。我的意思是，归根结底，爱难道不是唯一重要的东西吗？"

吉诺特博士若有所思地听着，他说："在你看来，只要有爱，语言本身并不那么重要，我却有另外的看法。假设你在派对上不小心弄洒了饮料，我想，如果你的丈夫这样说的话肯定不对劲——即使他是充满爱意的：'毛手毛脚的，你怎么又弄洒了，如果颁发最佳破坏奖的话，你一定是第一名。'"

诺布尔女士不自在地笑起来。

"我猜，你更喜欢他这样说：'亲爱的，我看到饮料洒出来了，我能帮你吗？给你我的手帕。'"我们第一次看到诺布尔女士没有接上话。

吉诺特博士接着说，"我不是贬低爱的力量。爱是我们的财富。但是，即使拥有了物质财富，我们也常发现，需要把大笔的资金分割成较小的数额才能使用。在一个电话亭里，一枚10美分硬币比一张50美元的钞票更好用。即使很爱孩子，也必须学习怎样把我们的爱分割转化成能够帮助他们的语言，并时不时地表达出来——比如孩子弄洒牛奶时，或者他们把自己的画拿来给你看时。我们即使在生气的时候，也要使用不会伤害自己关心的人的语言。"

吉诺特博士谈起他提出的概念"不侮辱人地表达怒气"，他肯定地认为，父母不可能任何时候都充满耐心，指出父母怎样表达怒气才能对孩子有帮助——只要他们不侮辱孩子。实际上，他说："我们真正的愤怒是改变自己行为的最有效的工具之一。"

"怎样才能付诸实践呢？"他问。"还是使用描述性的语言，不能进行人身攻击。例如，如果孩子的房间太乱而让父母伤脑筋，父母应该自由地表达他们的真实感受——但是，不要侮辱也不要指责。有些话是说不得的，如，'你为什么这么懒？''你从来不收拾自己的东西；你把我买给你的所有东西都弄坏了。'虽然你说了这样的话之后，孩子也可能收拾他的房间。然而，他会讨厌自己的父母，也会看轻自己。

"问题在于，父母如何用有帮助的方式表达同样的愤怒？还是使用描述的语言。他们可以说：'这个房间的样子让我不高兴！'或者'看到地板上放满了各种东西时，我气疯了！真想打开窗户把它们扔出去！'或者'我看到了让我生气的事情。书、游戏和玩具应该放在架子上！'"

听众中的一位男士举起了手："吉诺特博士，"他说，"我觉得你介绍的某些方法更适合训练有素的专业人士使用，我无法想象普通的父母能够运用这些方法。"

吉诺特博士答道："我对'普通父母'们非常有信心，还有谁比普通的父母们更在乎孩子？根据我的经验，当父母们掌握了更加有用的技巧时，他们不仅能运用这些技巧，还会赋予它们温暖而独特的风格。"

吉诺特博士的演讲继续进行了半个小时。他提出一种方法，建议父母成为孩子的"律师"，他解释了孩子们如何担任法官、陪审员和原告，还举例说明父母怎样成为"被告辩护律师"，详细地阐释了理解和承认孩子的感受——他们的全部感受——的价值，以及怎样避免和孩子打交道时作出弄巧成拙的举动，如讽刺挖苦、警告和许诺。演讲结束后，吉诺特博士被一群希望和他私下谈话的父母包围了。

我们决定不在人群中挤来挤去，在寒冷的夜色中上了车，引擎预热的当儿，我们沉默无言地坐着。我们都知道自己刚刚被某些东西深深地打动了，可是无法准确地说出那是什么。今晚听到的内容看起来很简单很实用，但是，我们感觉到，这些看似简单的方法却建立在一种复杂的、拥有无限可能的思想基础之上。

回家的路上，我们试着讲出自己的想法：

我们是否有能力运用今晚学到的知识？

它会管用吗？

用新方式讲话会不会很别扭？

孩子们会怎么反应？

他们最后能否注意到不同之处？

现在改变是否太晚？

我们是否已经造成了永久性的伤害？

我们怎样跟丈夫说这件事？

想起今早发现孩子的手指画时自己的叫嚷，我说："海伦，我想，如果我说：'我看见地板上有手指画，我们需要点抹布。'的话就可以避免那一幕了。"

海伦看着我摇摇头："我觉得你说的没有信服力，你今天早晨那么生气，现在看来却不怎么生气了。吉诺特博士说：'如果你感觉到了，就要表现出来。'"

"好吧，"我说，"这样说如何：'我看见地板上全是手指画，我真想把所有的手指画颜料都扔进垃圾箱。现在就得打扫干净！'"

"这让我印象深刻，"海伦说："但是，会对孩子们有用吗？嘿，我刚刚想出一个可怕的主意，让他们再也不胡涂乱画！"我们笑起来，因为我们意识到自己实际上正期待着孩子们惹出点小麻烦，以便尽早尝试我们的主意。

我们没有等待很长时间。每天都有日出日落，牛奶总会洒出来，我们描述事实，孩子们把牛奶擦干净，这简直是一种小小的奇迹。

虽然怀疑自己沾了新手的运气，被成功震撼的我们，知道必须学习更多的方法。我们买来吉诺特博士的书《父母与孩子之间》，很高兴地发现里面有大量的实际建议，可以马上运用。看着印刷出来的字句，反复阅读着某些章节，我们的信念有了依托。

有时，我晚上准备出门时，最小的儿子安迪会拉着我的腿大哭："妈妈别走，留在家里！"我轻轻掰开他的手，拿起床头柜上的书，把自己锁在浴室里，找出标题是"父母是天生的表演者"那一章，以最快的速度读完。当我走出去时就已经准备好了，我说："亲爱的，我知道你不想让我们出去，你希望我们在家里陪你……但是你爸爸和我要出去看电影。"这些话可能像死记硬背的台词一样，但是确实能帮我们顺利看成电影而不引起孩子的强烈反对。

我们发现有关"表扬"的章节非常有益。过去，海伦曾经这样夸奖5岁的比利："你真好、棒极了、你是最好的！"她从未理解比利为什么会这样反对："不，吉米更好。"或者"别夸我了。"所以海伦使用了吉诺特博士的表扬方式。一天，比利修好了厨房中堵塞的水池，她没有说："太棒了！你是个天才！"而是描述她的感受和看到的情景："我原本以为要给水管工打电话了，这时你拿着皮搋子走了进来，两分钟就把堵住的地方疏通了，你是怎么做到的？"接着，比利说出了他能对自己作出的最可爱的评价："我用了脑子，"他说，"我是个好水管工。"

本地的儿童指导协会寄来一份邮件，宣布吉诺特博士在我们社区组织了一个父母学习小组，给可能有兴趣参加的人附上一份申请表，我们都马上填好寄了回去。

第一天聚会时，小组成员的多元性让海伦和我很高兴，组里女性的年龄包括23岁到50岁，组员家庭的规模也各有不同，子女的数目从一到六个都有，大部分女士都结过婚，有一位离异的，还有一位寡居。我们的职业包括家庭主妇、教师和商业女性，还有一位艺术家和一位音乐家。宗教信仰也不相同，有新教徒、天主教徒、犹太教徒和无神论者。

我们之间的共同之处就在孩子身上。

开始的时候，聚会采取演讲的形式，每次都教给我们新的技巧，我们学会了和孩子打交道的方法和禁忌，知道了跟他们的情绪对话的力量、如何从精神上给予孩子物质上不能给予的东西。

就我而言，我一直在研究合理的方法，它让我获得了深刻的洞察力。开车时，我会耐心地给生气的大卫解释我们为什么会堵车，为什么尽管我们很渴，却没法停下来喝点东西，而且，抱怨无法解决问题，不能让车流移动得快一些……

如今，在这种情形下和儿子说话成了一种愉快的事情，我会说："嘿，我听说有个小男孩非常渴，我猜你现在一定想喝上满满的一桶冰凉的苹果汁！"

见大卫微笑起来，我便说："满满的一大浴缸苹果汁怎么样？"我很感谢自己学到的新知识。

给日常生活带来变化的另一项技巧是把威胁转化成选择，把"如果你再在起居室玩水枪，一定会后悔！"变成"水枪不是在起居室里玩的，你可以在浴室或者房子外面玩。你来挑地方。"

我们开始注意到自己也发生了变化。首先，我们意识到自己对孩子说的话少了，显然，吉诺特博士经常重复的名言在我们身上起了作用："只要有可能，就用一句话代替一段话，用一个词代替一句话，用一个手势代替一个词。"话说得少，就听得多——方式不同。我们开始倾听，在话语背后，孩子究竟想说什么。安迪曾经抗议："你总是想着大卫——带他去图书馆、看牙医、参加幼童军"，现在，这话在我听来的意思就是："你太注意我哥哥了，这让我烦恼。"

所以，我不会长篇大论地和他解释，而是直接讨论安迪真正关心的问题："你是不是想让我多抽出时间陪你？……我也很想这样。"

我们还发现自己和孩子之间发展出一定的情感距离，不再那么容易被孩子或低落或疯狂的情绪所影响。过去，海伦常觉得她仿佛生活在战场前线，如今，她幸运地学会了在"战场"中安之若素、不加过问，不再像以前那样冲过去把打架的孩子们拉开，而是冷静地向孩子们发号施令，最终和平解决矛盾。当孩子们为了抢秋千而吵闹时，她会说："孩子们，我相信你们能想出一个对你们每个人都公平的解决办法。"真正的效果在5分钟之后出现了，只听见后院中传来一个幼小的声音："妈妈，我们决定了，我们要轮着玩。"

不是所有故事都有如此完美的结局，还出现了足够多的麻烦提醒我们不要沾沾自喜。实际上，我们还没有完全掌握这套全新的教子之道，海伦使用的那些孩子们喜欢的语言，我们自己讲起来和听起来仍然不太习惯。

孩子们也表现出了一点点的不适应，每次听到我们这样说话，他们就抬头盯着我们，脸上的表情像是在问："这位女士是谁？"——我们甚至也常常搞不清自己是谁。

丈夫们虽然尊重我们的做法，但也有些怀疑。一个人不必拥有心理学学位，就能从这样的话中分辨出抵触的意思："好吧，孩子他妈，你是专家。你来对付他的小孩子脾气。"或者"既然我说的都不对，也许你应该给我写一个剧本，我照着念。"

有时，我们的行为就像谚语中讲的那头奶牛一样可以引起两方面的效果——既能提供牛奶又会把木桶踢翻。我们会把该说的说出来，却忍不住在后面加上一句多余的叮嘱，"你很快会克服困难的"或者"你要知道，人生总是苦中有甜"，这样一来，前面的努力全被破坏了。

我们还"传染"上了一种自然倾向，就是过度使用学到的新技巧。当刚刚发现"那把我气疯了！"这类语言拥有强大的力量时，我们慑服于它，说这些话时的感觉也相当好，孩子几乎一听到这些就会注意你并马上改正错误。但是，当我有一天愤怒地对孩子喊"气死我了！"的时候，我意识到这是为难他们，好事做得太过了。

满足孩子的想法也成了海伦的习惯，她的口头禅是："啊，你想要这个……"她7岁的女儿劳里早就听得习以为常，有一天她哭道："妈妈，你又这样说了！"

海伦把这些告诉了吉诺特博士，他说："有些这样的表达方式很有说服力，但必须谨慎使用。就像口味浓重的调味料一样，放得太多会让食物难以下咽。"

我们的学习之旅快要告一段落了，但我们的问题还在继续出现。有些时候，孩子们的表现很好——无论是学校生活还是交朋友等方面，他们满足于探索自己的世界，与他人相处也很融洽，但这些阳光灿烂的日子过后，随之而来的几乎都是一系列疾风骤雨般的矛盾生活，风暴总是无缘无故、毫无征兆地袭来。比如，孩子在公共汽车站被别的小孩打了……他早晨拒绝上学……他开始尿床。有时，我们学到的新技巧变成了沮丧的来源，因为它们也会带来新的问题，自然就需要提供新的解决方案。

"如果我允许孩子表达所有感受，他告诉我他恨弟弟，那我该怎么做，吉诺特博士？"

也许我们需要开始另一段课程。吉诺特博士同意我们继续下去。在接下来的部分，要做到两个方面的发展。首先，注意到孩子们改变的迹象。海伦说，她曾听见女儿告诉一个朋友："我的家人不会互相批评。"我则永远不会忘记大儿子大卫冲进他弟弟的房间，喊到："气死我了，我想揍你的脑袋——但是我不会！"然后旋风般地离开。对局外人而言，这看上去不像是什么进步，但是在我们家，这就是自我约束的奇迹——世界上又少了一只血淋淋的鼻子。

其次就是我们的自由意识。长久以来，人的天真率直性格的消失是我们所忧虑的问题，难道我们在余生中都要衡量自己说的每一个词——担心每一句话可能造成的影响吗？理智地讲，我们明白，每掌握一种新技巧，就要暂时损失一定的自然率直。即使霍洛维茨这样的音乐家也要强迫自己刻苦练习和钻研乐谱才能赋予音乐他个人的意义。

然而，我们还是担心，父母和孩子之间如此亲近的关系，不由得你不表现出自己的天然本性。所以，当我们突然觉得更自在、更舒服的时候，会认为这是一种解脱。有时我们会冒险、临时发挥和尝试，表现得不再像我们自己或者吉诺特博士那样。确实，我们都在使用最基本的技能——但是，现在我们要赋予音乐自己的意义。

这部分课程就是这样。暑假开始了，但是学习小组承诺大家还会在秋天见面。

夏天来了又去——在此期间，我们也积攒了很多来之不易的经验。整个夏天都和孩子在一起，6月时谱写好的"乐曲"，到了9月仅剩几个音符。只要跟孩子一起生活，无论父母多么有沟通技巧，孩子多么可爱，带孩子的苦差事都会让人疲劳不堪并且困惑不已。我们需要安静，孩子们就吵吵嚷嚷；我们需要自己的时间，他们就想引起我们的注意；我们渴望井井有条，他们就搞得邋邋遢遢。还有恶作剧、争吵以及为了鸡毛蒜皮的事情引发的"战争"："我不想刷牙！""我为什么非要穿睡衣？""我不需要毛衣。"

在日常摩擦的表象之下，我们发现自己又故伎重演。曾经的成功光环逐渐消退。我们失去了耐心。

吉诺特博士经常说，这就像学习一门新的语言——法语或汉语。现在我们意识到自己正在做甚至比学语言更难的事情——除了学会新的语言，还要完全忘记过去一直在使用的旧语言，而后者是代代相传到我们手中的东西。

例如以下句式：

为什么你就不能……

你总是……

你永远都不会……

谁干的?

你有什么毛病?

它们像蔓生的毒草，难以根除，以其刁钻狡猾的方式重新生长出来:

你想要……

我相信你会……

这么说你真的感觉……

如果……会有帮助

所以，9 月回到学习小组的时候，我们心中五味杂陈——有点怀疑，但仍然希望自己原来的热情至少还在。新学期开始的时候，我们发现，不仅我们有这种感觉，其他人也有同样的想法，他们说:"噢，这个夏天我是不是退步了。"还有"我觉得我把学到的都忘了。"

吉诺特博士安静地听着，然后提出一个问题:为人父母，我们的主要目标是什么?

有人试探着回答:"改善父母和孩子的关系。"

还有人说:"找出和孩子沟通的更好方法。"

有位挺会说的女士回答:"当然是塑造孩子，把他们培养成优秀、有礼貌、有魅力、整洁和善于自我约束的人。"

吉诺特博士看上去很严肃，显然，他对最后一个回答并不满意。他向前探探身，说道:"根据我个人的看法，我们的主要目标应该是找到帮助我们的孩子变成仁爱而坚强的人的方法。"

"如果一位整洁有礼、风度翩翩的年轻人，他可以对别人的苦难视而不见，不采取任何行动的话，对我们来说又有什么益处呢？

"如果我们培养出的孩子很优秀——是班级的佼佼者——但是却运用他的聪明才智操纵别人，该怎么办？

"我们真的希望一个善于自我约束的孩子，在面对不公正的情况时过于约束自己，不去伸张正义吗？太多的德国人正是因为自我约束过度，才使得纳粹分子残害了数百万本国同胞。

"请听我说：我不是不想让孩子有礼貌、整洁或者有学问，对我来说，最关键的问题是：使用何种方法实现这些目标？如果选用的方法是侮辱、攻击和威胁，那么可以非常肯定，我们在此同时也教会了孩子侮辱、攻击、威胁他人，教会他们在受到威胁的时候唯命是从。

"假如，从另一方面看，我们使用的方法是仁慈的，那么教给孩子的东西将比那些普通的优点重要得多，我们给孩子展示了如何做人——正直而高尚、坚强而有尊严地生活的人。"

海伦的目光穿过教室与我的目光相对。这就是了。第一次聚会时深深打动过我们的那种捉摸不定的东西终于向我们显现了真实面目。它是对文明教化过程的定义——它告诉我们，你对孩子作出的每个举动都有意义，都代表着什么，它们会成为孩子将来要成为的那个人的一部分。我可以预见到，当你对孩子说："牛奶洒了"，然后递给他一块海绵的时候，我们不仅是教会他如何清理卫生，也不仅是处理了一个小问题。在一个更加深远的层面上，我们是在告诉他："我希望你成为一个能够帮助自己的人。"

我们是在告诉他：

"在困难面前，我们不会互相指责。"

"在困难面前，我们专注于解决方案。"

"在困难面前，我们互相伸出援手。"

我一下子意识到，如果一个人对待孩子的方式本身决定了孩子将来成为怎样的人，那么，所扮演的角色就不只是父母。是的，日常的小冲突仍然会有，但我现在把它们视作机会——铸造孩子性格的机会，证实我所信仰的人生价值的机会。

刚才给出取巧回答的那位女士又开口了："我没有意识到自己在做着如此重要的一项工作。"

吉诺特博士微笑着说："这完全取决于你怎么看待它。请让我来讲一个故事：

一个农民遇见了三个工人，他问："你们在干什么？"

第一个工人回答："我在赚钱养活自己。"

第二个工人说："我在砌砖头。"

第三个工人回答："我在建造一座大教堂。"

听众们一片沉默。那位女士认真地点头。

我想，我们都是工人，我们的工作是养育子女。我们的砖头就是每次与孩子的交流，而我们的大教堂，则是让孩子充分展现人性的优点。

孩子也是人！

第
一
部
分

第2章

帮助孩子认识他们真实的感受

*孩子的感觉绝非小事，承认而不是抑制它。

*倾听并对孩子的感觉作出回应，亲身"感受"
  孩子的感觉。

*当遇到更大的伤害时，承认痛苦的情感会让孩
  子变得坚强。

*只要世界上有一个能真正听懂和理解的人，这
  痛苦就能够忍受。

孩子的情绪就像那些鸟儿，用心倾听才能真正感受到它。

课程伊始，吉诺特博士决定和我们探讨承认孩子感觉的重要性，他借助多种方式论述自己的观点。

　　你可以有各种感觉，但是行动却受到局限。

　　我们必须承认，孩子有他（她）自己的认知。

　　孩子只有感觉正确，才能正确地思考。

　　孩子只有感觉正确，才能正确地行动。

　　我甚至不确定自己是否完全理解了这些想法。承认孩子的感觉真的有那么重要吗？如果是真的，那么这跟让孩子变得仁爱和坚强又有什么关系？

　　过去，我认为孩子的感觉无足轻重。"她只是个小孩，她知道什么？要是按照她的方法来办，世界还不乱了套。"我小时候受到的教育是，只有等到长大成人，我的感受才能被人认真对待。我已经习惯听到下列说法：

　　"那么想真是傻。"

　　"你没有道理不高兴。"

　　"你在杞人忧天。"

　　我从未怀疑过，觉得这是理所当然。可现在，身为父母，我知道了自己的工作是帮助孩子认识到他们的真实感受，因为这样对他们有好处。

　　"自己完成了拼图，你看起来很高兴。"

　　"汤姆没来你的派对，你应该觉得失望。"

我们还知道了，孩子的所有感受，甚至包括负面的，都应该得到承认：

"一件不趁手的玩具可以让人沮丧。"

"你非常讨厌哈里特婶婶掐你的脸。"

过去我从未发现发掘自己的感受会有什么益处，但是，承认感觉而不是克制它，在某些方面融洽了家庭关系。今天吃早餐的时候，大卫说："呃，鸡蛋太软了！"我忍住了对他的长篇说教，没有提醒他煮这只鸡蛋的时间和他昨天吃得津津有味的那一只一样长，我只是简单地说："噢，你喜欢硬一些的。"这样做巧妙地把问题控制在煮鸡蛋的火候范围内，而不会引发人们的坏脾气。

不过，我仍然不能理解感觉的神秘之处。接着发生的一件事让我有了全面的了解。

一个风雨交加的晚上，我们正在吃晚饭。这时天空出现一道闪电，整幢房子顿时一片漆黑。电灯在几秒钟后重新亮了起来，孩子们看上去吓了一跳，我想，这是帮他们驱散恐惧的最佳时机。我正想说："看，事情没有那么糟糕，对吧？"但是我丈夫泰德却先开口了："嘿，那可真吓人。"孩子们都盯着他看。

很好，他先说了。我接着他的话往下说："很有意思，当房间里开着灯的时候，每样东西都显得很友好很熟悉。但是，把同样的东西放在同样的房间里，如果屋里一片漆黑的话，会变得很吓人。我不知道为什么，可是就是这样。"

三双眼睛望向我，孩子们看起来如释重负，对我非常感激，我被这一幕征服了。我只不过是简单地描述了一个普通的事件，对孩子来说，这件事却非同小可。他们开始叽叽喳喳，互相打闹。

大卫：有时我觉得强盗会进来绑架我。

安迪：我的摇椅在黑暗中就像个妖怪。

吉尔：我最害怕的就是树枝刮窗户的时候。

孩子们畅所欲言，每个人都讲出呆在黑暗的房间时自己最害怕的东西，我们两个边听边点头，他们不停地说着话，最后终于讲完了。

接下来的沉默中，我们都觉得全家人是那么地相亲相爱。我意识到，我们一定是触动了某种非常强大的过程的核心部分，孩子的感受绝非小事，那么别人是否知道这一点呢？

我开始偷听别的父母和孩子的谈话。

在动物园里，我听到：

孩子：（哭泣着）我的手指头！我的手指头疼！

父亲：怎么会疼呢，只是划了一下。

在超市里，我听到：

孩子：我热。

母亲：你怎么会觉得热；这儿很凉快。

在玩具店，我听到：

孩子：妈妈，你看那只小鸭子，他是不是很可爱？

母亲：噢，那是给小婴儿玩的，你不会再喜欢婴儿玩具的。

令人惊讶。这些父母似乎无法注意到孩子最简单的情绪，当然，他们的回答并不是存心想伤害孩子。但是，实际上，他们传达给孩子的信息无非是下面这些：

你不知道自己在说什么。

你不知道自己知道什么。

你没有自己的感觉。

我忍不住想拍拍这些父母肩膀，告诉他们不妨这样说：

我看见你被划了一下，会疼的。

或者：

在这里你觉得很热，对不对？

或者：

啊！你喜欢那只毛茸茸的小鸭子，是吗？

我憋不住了，如果没法告诉陌生人，至少得告诉朋友们。我不得不说出去。我给几位朋友打电话，我觉得他们能够忍受我的头脑发热，有耐心听我描述最近的发现。他们有礼貌地听着，甚至带点兴趣，然后就送给我各种"但是"。

"但是，珍妮特，我甚至不确定是不是听懂了你说的'感觉可以承认，行动却受限'，我怎么才能用在蒂米身上？"

我想出几个例子：

"蒂米，我知道你喜欢摘很多水仙花带回家。可牌子上写着不能从公园摘花。"

"蒂米，我知道你喜欢对着盒子里的每块巧克力咬上一口，只是为了看看里面有什么。这很有吸引力。但你也可以只挑一块，明天再挑另一块。"

"蒂米，艾瑞克弄坏了你的自行车，你非常生气，我敢说你想揍他。我知道。但是，你得和他讲理，不要动拳头。"

另一个朋友说："但是，珍妮特，如果你承认了孩子的感觉，不就是对他们的默许吗？我女儿不让任何人碰她的玩具，我当然不希望纵容她这种自私的行为。我觉得重点在于让南希长大后成为慷慨大方的人，所以我告诉她人人都要学会分享。"

　　还有一位朋友说："但是，珍，如果我让罗杰告诉我他多么讨厌妹妹，难道不是鼓励他去发展这种最坏的感觉——巩固它们——允许他恨别人吗？"

　　太难解释了。我试着告诉他们，帮助孩子弄懂自己的感觉，不代表认可或者巩固它们，我不是在鼓励孩子："太好了，南希，你讨厌分享！"或者"棒极了，罗杰，你想勒死妹妹。"

　　我的意思是，你要倾听并对孩子的感觉作出回应，努力亲身"感受"孩子的感觉。

　　这就是我本人所做的，简单地说一句"噢"或者"我明白了"，相当于告诉孩子："你的所有感受都很重要——无论好坏。它们是你的一部分，你的感觉没有把我吓坏。"

　　这样孩子就不会生气或者受到伤害，你倾听并承认了他的感受，他也就乐意改变。

　　我不确定自己这一番热情的演讲是否有效，所以，几天后，我既高兴又有些忐忑地接到了两个朋友的电话。

　　"珍，发生了不可思议的事情。今天上午，南希的朋友让我告诉南希，要她和朋友们分享她的新玩具，我头一次考虑到南希会有什么感觉。接着发生了奇怪的事，我没有对她发火，我发现自己的态度几乎是非常亲切，我说：'我觉得和朋友分享新玩具一定非常难，人们有了新东西，都喜欢自己先享受很长时间。'我又和南希的朋友说：'南希准备好了的时候，她会给你玩的。'没有人说话，但是，过了半个小时，我听见南希宣布：'好吧，芭芭拉，我作好准备和你分享了！'"

　　第二个打给我的人，声音听上去也很惊喜："你不会相信的，珍妮特。今天早晨，小女儿在睡觉，罗杰像往常一样冲进来，想扯掉她的毯子。我差点要打他并说出这样的话："你是个大孩子了——你应该多懂点事！"但是，我记得你那天说的话——坏的感觉走掉之前，好的感觉是不会出现的。所以，我只是挡住他的手，说："嘿，罗迪，我一直在想小妹妹有时候是怎么让你烦心的。就算她在睡觉，我敢说，只要她在家里，就算只是看到她，有时也会使你生气。"他感激地看了我很长时间，说："妹妹冷了，给她盖上吧。"你能相信吗？"

我非常得意。他们的话证明我做得对。仅仅承认一种感觉，就足以作出改变；而这是多么大的一种改变啊！父母不会再恼火地试图把成年人的观点强加给倔强的孩子，他们学会了真正地倾听和理解孩子——孩子有了听众，觉得自己被人理解了——他们愿意作出更为积极的回应。

接着发生的一件事让我踌躇了。玛丽·苏，吉尔上幼儿园以来最好的朋友，开始取笑吉尔——笑话她穿着幼稚的衣服，和其他女孩背地里谈论她。可是，吉尔却很信任她的老朋友，她似乎不知道发生了什么。星期六，吉尔给玛丽·苏打电话，请她过来玩。这次玛丽·苏摊牌了，她告诉吉尔不想再和她做朋友，其他不喜欢吉尔的女孩也不会和她做朋友。

吉尔吃惊地站在那里，受到了很大的打击，她挂上电话走进自己房间。过了一个小时，我从她开着的房门前经过，看见她躺在床上，脸上全是泪痕，盯着天花板。那一瞬，我只想双手抓住玛丽·苏使劲摇晃她，直到她吓得牙齿打战。那个刻薄、自我中心的臭孩子——她怎么敢这样对待吉尔？我想告诉女儿，她指甲缝里的灰都比玛丽·苏有价值。我想大叫："有其母必有其女！看看玛丽的母亲吧——她也一样地冷酷、虚伪！"可我最希望的是能够减轻吉尔的痛苦，能说一些有智慧的话来帮助她。

　　我可以给她怎样的建议呢？我知道，孩子通常不喜欢建议。我还知道吉尔需要时间自己想出解决的办法。不过，我迫切地感觉需要解决她的问题。毫无疑问，她值得同情。我害怕如果帮她承认自己的感觉——抗拒与孤独，会完全毁掉她。

　　我以最温柔的语气说道："亲爱的，人生不能只依靠一个朋友，你是个了不起的姑娘，你可以有很多朋友，为什么不给别人打个电话叫他们出来玩呢？"

　　吉尔放声大哭："你总是告诉我做这做那！你怎么知道我不会那么做？可是现在我不想！"

　　我一整天都在考虑这件事，如果给孩子提供解决方案不是合适的回答，那什么是呢？我要怎么做才能帮助女儿？我不能仅仅表达了一番同情之后就坐视不理。

　　"承认孩子的感受"这个脆弱的理论似乎有其内在的局限，诚然，对于处理小矛盾，它非常管用；被划到的手指头、丢失的玩具、因为下雨而取消的野餐。但是，遇到比较大的伤害——真正的损失、心爱的宠物死掉了、被朋友拒绝了——又该如何呢？把这些感觉重现出来是否合适、会不会有帮助？揭开伤口难道不会带来伤害吗？

　　带着疑问，我进入了下一学期的学习。吉诺特博士摇摇头："我也想知道怎么办，"他说，"怎样说服父母们：痛苦能够帮助成长、挣扎可以强健性格。父母们太希望孩子快乐，所以经常不让他们体验那些能够让人成熟的感受——失望、挫败和悲伤。'别哭，'他们说，'我们再给你买一只小狗。'

　　"如果父母们能够明白，当他们承认有痛苦的情感存在时，可以让孩子学会坚强，他们就不会害怕说出：'你想念普瑞斯。你觉得自己的心都碎了……我知道，我知道。'这才是我们可以给予孩子的最好的帮助。

"当你的孩子被小刀割了一下，世界上没有什么东西可以让伤口马上愈合，你会先帮伤口消毒，然后贴上创可贴，你知道接下来时间会愈合一切。对于精神上的伤口，也是同样的道理。我们给孩子精神上的创可贴，但是，必须明白的是，愈合的过程本身是缓慢的。

我们可以对吉尔说：'某个多年的好朋友离开了你，这非常痛苦，会让你突然觉得很孤独。'

"接下来吉尔可以告诉自己：'我也许失去了一个朋友，但是，我有个理解我的妈妈。'"

我对听到的东西有点错愕，带着茫然回到了家。以前我从未想过这些东西：真正的伤害对一个孩子的人生来说意味着什么……父母只要深深地理解这种感受，就能产生巨大的力量给孩子安慰……父母——没有被孩子的悲伤吓到，也不否认这悲伤——而是选择坚强，倾听孩子的心声，理解他的痛苦，通过倾听本身，传达给孩子最深层的信息：你可以忍受痛苦。只要世界上有那么一个真正听懂和理解我们的人，这痛苦就能够忍受。

房门砰然关上的时候，我正迷失在这些想法之中。我抬起头，看见6岁的安迪站在房间中央，苦着脸。

"老师冲我喊了，"他声音嘶哑，"我去捡掉在地上的铅笔，她开始叫起来。她说我不专心，大家都在看我。她说我放学后必须留下，要接受教训。她罚我留堂，而你却不关心我去哪里了！"

我的心一沉。他都经历了些什么啊。快点，快点，我会消除他的不快，告诉他这没什么，没什么好难过的。我会告诉他试着多想想未来的事情。给他一个吻、一块饼干，他就没事了，没事了！

　　然后，我想起很久以前，有个上一年级的小孩，因为说话被罚站墙角，我记得昏暗的墙上那些裂了纹的油漆，回家吃午饭的孩子们排队经过时窃窃私语的声音。

　　还有那可怕的安静。突然，一个尖厉的声音传来："你现在可以回家了，珍妮特，我希望你接受了教训。"

　　我想起自己一路跑回家，想大声地喊，想尖叫，想哭，我最想做的是告诉妈妈。"以后不要说那么多话，"她老是这样说，"吃饭吧，否则你会迟到的。"我记得自己嚼着食物，试图把干硬的三明治吞咽下去。

　　我把安迪拉到自己腿上："老师吼了你，这太让人难过了。"他圈住我的脖子，把头埋进我的肩膀，"而且全班都看着你！这更糟。接下来等所有人都回家之后，你还得坐在那里，你很想马上跑回家，可是不行。一下子有这些感觉是多么地难过啊！"

　　我太专注于安迪的经历和感受，太想安慰抽泣的儿子了，突然，我惊讶地发现，眼泪早已从我自己的脸颊上流下，心中蓦然升起一种解脱的感觉。

　　我们坐在那里，安静地摇晃着，我不知道过了多久。我只知道，当这一切都过去时，我已经回到了30年前，把一个小女孩领出了墙角。

第 3 章

在感同身受中体会孩子的变化

*当孩子的语言超越了我们接受的底线……

*在合适的时候给孩子送点小礼物，让他（她）
   打开心扉。

*为孩子的情感宣泄找一个出口。

*给每个孩子留出一个属于他（她）自己的灵魂一角。

*有时热情洋溢的鼓励可以带来惊人的改变。

也许在孩子心中，你就是伟大的自由女神。

长时间以来，我们可以确定的是，倾听和承认孩子的感觉是建立仁爱的亲子关系的主题之一。基本上就是如此。但是，我们最终发现，这个主题可以有很多变化，知道这些变化是很有用的。

变化 1

有些孩子不停地倾诉，这非常挑战父母的耐心和时间。必须找到一种方法结束谈话，同时还要让孩子明白我们在乎他。

李说，她听女儿苏西抱怨了10分钟，因为她没有得到在学校话剧中演出的机会。

"我试着安慰她，"她说，"但是苏西不停地诉苦。我有点受不了了，我想：'到了总结一下谈话内容然后停下来的时候了。'"

"苏西，"我说，"你说的我都知道了，你告诉我你非常想得到一个角色，你觉得自己跟别人一样优秀——甚至比他们还好，我明白，但是我不能再听了，现在我要去厨房准备晚餐了。我知道你有多么失望和生气。"

变化 2

有时，孩子会用非常令人不快的语言表达自己的感受，我们听不下去——这没什么好处。每个人的容忍限度都不同，但是某些表达方式任谁都受不了。

"爸爸看上去像个老头。为什么我必须得有一个这么老的爸爸？"

"我老师是个大笨驴。"

劳里对海伦说："我希望你去死。"海伦反驳道："这无法接受！我知道你很生气，但是你必须用其他方式来告诉我你的心情。现在，我要自己一个人呆上一个小时。"劳里问："为什么？"海伦简单地回答："你自己想想吧。"

变化 3

有时，给孩子送点小礼物可以让他心情好起来。我们从没问过他是否需要这个东西，只是把东西给他。在合适的时机，给他一支新蜡笔、一只气球、一盒葡萄干，就能打开孩子的心扉。

罗斯林5岁的儿子眼泪汪汪地抱怨："妈妈最不喜欢我了。"她搂着他说："你觉得被冷落了吗？这滋味不好受——一点都不，我想现在最好拥抱一下，喝一杯热可可。"

李的儿子因为和哥哥比赛摔跤造成的一点微乎其微的小擦伤歇斯底里时，李拿来两块冰，用一条红色的毛巾包着递给孩子，让他照顾自己"受伤的"胳膊。

变化 4

当孩子被某种强烈的感觉包围时，有时我们有能力帮他创造一个积极的出口，发泄这些情感。吉诺特博士说过，你的家中有很多创造性的材料——钢笔、铅笔、蜡笔、油漆、拍纸簿、硬纸板、黑板、箱子、泥巴等等。我们小组的女士们记住了他的原话。但是，在将近一周的时间里，我们并没有看到有人为死去的宠物龟写诗表达悲伤；也没有人给电视台写信抗议他最喜欢的节目的停播；或者看到有人愤怒地给社区的小恶霸描画一幅肖像。

对于年龄太小或者不愿意写写画画的孩子，父母可以暗中行动。

伊芙琳7岁的儿子斯蒂维有天下午从日间露营地生气地走进家门，他的管理员说，除非他能沿着10英尺高的滑梯下到泳池的最深处，否则就要离开现在的游泳小组，只能使用小孩子玩的游泳池。

斯蒂维大声抱怨着，他爸爸默默地拿起一支钢笔写了起来。斯蒂维停下来喘气儿的时候，他爸爸说："儿子，今天你一定被管理员气坏了，听听你刚才说的：'那个自以为是的大人物觉得他是每一个人的老板，他太刻薄了，我恨他。'"

斯蒂维高兴地听着，"是的，"他热切地说，"为了这个，我也要把他从滑梯上推下去，把他的头按到水里，直到淹死他为止。"

爸爸以最快的速度写着。

"现在把这个记下来，我要把游泳池的塞子拔下来，让所有的水都流干净，把他也冲走。"

这段话也被记下来了。把这篇演讲念给他听时，斯蒂维拼命点头，还要求再听一遍。

"给你，"他爸爸给他那张纸。"你可以留着它，想听的时候自己念。现在我要去写一封信。请你明天把这封信交给管理员。信上这么说："我儿子，斯蒂维，决不——无论任何情况——都不会用那个10英尺的滑梯，除非他自己准备好了。'"

变化 5

有时，父母不必刻意地理解孩子，不必问、不必知道他们是何感觉，吉诺特博士将这种情况描述为"给每个孩子留出一个属于他自己的灵魂一角。"

我仍然记得吉尔4岁的时候，她躺在床上，吮着手指头看着我。

"你知道我在想什么吗？"她问。

"不知道。"我回答。

"很好。"她说，又把手指头塞进嘴巴里。

变化 6

孩子一生中总会遇到需要他拿出勇气——他的斗志——的时候，这时父母应该激发他的勇气斗志——借助我们所谓的"振奋人心的信息"。父母给孩子打气、鼓励他坚强面对残酷的外部世界时，不要用那种冷酷的说法："情况很艰难，孩子，你会活下来的。"最好使用热情洋溢的承认和鼓励："是的，情况确实艰难，确实不容易，我佩服你奋斗的勇气和信念，你会找到一条路的。"

例如，海伦对劳里说："就算老师讥讽你，你也要从她那里学东西——无论她的态度有多恶劣！"

泰德对安迪说："我看到你是怎么无视那些嘲笑你个子矮的孩子的，我猜你知道在这个家里，我们重视的是一个人的个性而不是身高。"

不过，最打动我的例子是内尔的，几个月前她失去了丈夫，在我们的一节课上，她提出了一连串似乎没有答案的问题。她儿子因为失去了父亲而悲痛不已，经常抱怨，甚至认为这是母亲的错，她绝望了。

在随后的气氛沉重的静默中，我们等待吉诺特博士安慰她。让我们吃惊的是，吉诺特博士激动地看着她，说："内尔，不要被生活打败。"

她的眼中盛满泪水，有人谨慎地转移了话题。

下一周，内尔面貌一新，仿佛变了个人。海伦问她过得如何，"我不确定，"她说，"但是有什么东西似乎不一样了，肯尼斯再抱怨的时候，我制止了他。我说：'肯尼斯，我知道爸爸去世后你很不好过。我们现在是单亲家庭了，我们不希望这样。但是，我觉得我们应该开始考虑，怎样尽我们所能，组成一个最好的单亲家庭。'"

那天下午，肯尼斯没再和母亲说话，只是默默地把家中荒芜已久的草坪修整一新。

第4章

当孩子相信自己的感觉时……

*用成人的逻辑处理孩子不断变化的感觉是无效的。

*理解孩子身上同时存在的自相矛盾的感觉。

*每个孩子的感觉都是独特的。

*当感觉得到承认和接受，孩子就会与你的
  感觉建立更亲密的联系。

在感同身受中，与孩子建立更亲密的联系。

几周过去了，我更加理解了"感觉"在孩子生活中扮演的角色。我意识到许多对自己来说还是全新的东西。

感觉是一种事实

对我来说，孩子的感觉变得像苹果、梨、椅子或者任何一种实体物品一样真实，我无法再忽视他们的感受，就像在路上遇到障碍一样。他们的感觉是可以改变的——有时变得很快——但是只要感受到这些感觉，它们就是实际存在的。

我常会听到这样的话：

"你为什么支持安迪？你总是帮着他。"或者"你从没带我去过任何地方。别人都出去。"

以前，我会完全用成人的逻辑处理这些无聊的问题。

"那不是真的，我经常支持你，你知道的。"或者"你怎么能这么说？我们上个周末不是刚去过动物园吗？你忘了。"

现在，我从这些说法中发现了一些深层含义。如果孩子出现某种感觉，那么事情当时对他来说就是这样的。

意识到这一点，我就能作出另一种回答。

"你觉得我一直支持安迪？我知道了。谢谢你和我分享你的感觉。"

或者"你认为我们家不经常出去玩，你希望我们多出去玩玩，我很高兴你告诉我这些，现在我知道了。"

自相矛盾的感觉可以同时存在

接受了这种观念之后，我放弃了下面的说法：

"好吧，你想她还是不想？"

"快拿主意吧，你到底去不去野营？"

现在，我发现了另一个事实：

"一方面，你想念朋友，另一方面，你为她搬走而高兴。"

"你一面想到旧营地去，一面希望留在家里，还有一面想到新的地方露营。"

每个孩子的感觉都是独特的

如同世界上没有两片一模一样的树叶，面对同样的事物，世上也不会存在两个想法完全相同的孩子。正是这些区别，让孩子成为他自己而不是别人。

我再也不会恼火地说："你怎么会不喜欢冰淇淋？你是家里唯一不喜欢它的。"现在我会欣赏地观察孩子的不同之处，即使他由于不喜欢某些东西而使自己与众不同："你哥哥喜欢冰淇淋，但它对你一点吸引力都没有，你更喜欢冰。"

我试图传达的信息是：与众不同不是负担。我不再说："所有男孩都加入了少年联盟，你为什么不参加？"而说："看起来你不怎么喜欢篮球，我注意到你有其他兴趣。"

当感觉得到承认和接受，
孩子就会与你的感觉建立更亲密的联系

我听到大卫说："当你跟我那样说话时，爸爸，我有种被控告有罪的感觉，所以我想为自己辩护。"

我听到安迪说："妈妈，你知道我为什么这么做吗？因为我想被人注意。"

我听到吉尔说："我做了一只盒子来表示我在不同时间的不同感觉，我叫它'心情盒'，我把自己生气、高兴、愤怒、快乐、悲伤时候的照片放在里面。"

如果父母尊重孩子的感受，
孩子会反过来学会尊重和相信自己的感觉

这一条对我来说并不是很明显，我需要积攒一系列的个人经验才能理解教给孩子相信自己感觉的重要性。

第一件事发生在泰德和我去修车店拿吉尔的自行车的时候。她那时7岁，一看到自己的自行车，就骑着它到外面去了。这时泰德走到前台付钱，过了一会儿，吉尔回来了，面有难色："刹车不太好。"她说。

修车店的技工看上去挺烦躁："刹车没有问题，那辆自行车是我修的。"

吉尔不高兴地看着我："我觉得它不好用。"

技工坚持说："可能就是刹车有点不灵活——没别的问题。"

吉尔羞怯地说："不，不是有点不灵活，我感觉不对劲。"然后她跑去告诉她爸爸。

真是尴尬的一刻。那技工的表情分明在说："女士，你的孩子真烦人，别告诉我你宁愿相信她却不相信我。"我束手无策。我已经告诉吉尔她内心的声音是值得倾听的，我想教她对自己说："如果我感觉到什么，那么可能会确有其事。"另一方面，这个技术专业的技工却坚持说没有问题。

他怒气冲冲的样子让我受不了。我嘟囔了几句，大意是我确定他是对的，孩子把问题说得夸张了。这时，泰德走过来，肯定地说："我女儿觉得刹车有问题。"

技工绷着脸，一言不发地把自行车搬到一个台子上，检查了车轮，说："你们可以走了，轮毂需要一个新部件，刹车块不见了。"

我想象着如果不这样的话可能会发生什么，对自己暗暗发誓："再也不要出现这种事了！"

几周后，吉尔和我在一个拥挤的十字路口等着过马路，我拉着她的手，准备横穿过街，她却把我拉回去。我差点就要告诉她自己很不耐烦，但我想起了上次的事，我说："吉尔，我很高兴看到你会自己掐时间，你相信自己对安全的感觉。等你觉得时间对了我们再过马路，无论还要等多长时间。"

我们在那里站了5分钟，因天冷而瑟瑟发抖，我看到有很多次可以过马路的好机会，我觉得那些看到我们的人都会以为我疯了。为了教给她尊重自己的感觉，也许我做得有点过。

后来出现的一点事故让我永远改变了看法。那是个炎夏的午后，吉尔冲进家门，她的游泳衣还是湿的，脸上带着奇怪的表情。

"我们在游泳池遇到一个十来岁的男孩，我们玩得很愉快，"她说，"他和我们玩冲浪板，然后他带着琳达和我到有树的那边去了。他问我是不是可以舔我的脚趾头，他说这很好玩。"

我几乎屏住呼吸，"然后呢？"我问。

"我不知道该怎么做，琳达觉得好玩，但是我不想让他那么做，那让我觉得……我不知道。"

我说："你的意思是，你觉得整件事有些不对劲，虽然你不知道是什么，对吗？"

"是的，"她点点头，"所以我跑回了家。"

我试着不让她看出我有多么如释重负。我装出若无其事的样子说："你相信自己的感觉，它们告诉你应该怎么做，对吗？"

接着我感到一阵强烈的愧疚：孩子相信自己、相信自己的感觉可以帮她远离危险。如果我们否认孩子的感觉，不就等于破坏他们感知危险的能力，让原本脆弱的他们更加暴露在不在乎他们的人面前吗？

外部世界本就极力试图抹除孩子对各种危险的本能直觉：

"那么如果没有救生员，你也知道怎样游泳。"

"没有道理害怕，即使来了汽车，你也有足够的时间把你的雪橇挪到路外面。"

"不要当胆小鬼。所有小孩都试过这个，不会上瘾的。"

有时候，是不是孩子的生存意识就依赖于他（她）对自己内心小声音的信任？

一年前，如果有人问我承认孩子感觉的重要性，我会给出没什么信服力的回答："噢，我觉得那样可以减少摩擦，而且没什么害处。"

现在，请向我提问的人听好了：我会告诉你们一个更为肯定的答复。如今我已经充分了解到，当我们告诉孩子他们什么都不懂的时候，就是在撕掉他们的自然保护层。不仅如此，我们还会迷惑他们、使他们迷失方向并变得迟钝。我们迫使他们建立一个由虚假言辞组成的世界和一个不承认他们内心直觉的防御机制，我们把孩子和他（她）的自我割裂开来。当我们不让他（她）了解自己的感觉时，我怀疑他（她）是否有能力理解别人的感觉。

　　但是，当我们承认孩子的感觉是千真万确存在的时候，就相当于送给他们几份伟大的礼物：跟着内心感觉行动的力量……一颗善于发现的心灵……成为一个独一无二的人的机会。

第 5 章

你是一位解决不了
孩子自理问题的母亲吗?

＊你会说使孩子感到无助或产生依赖感的话吗?

＊不对孩子的每一件小事发问和发表评论。

＊多依靠别人来帮助我们的孩子。

＊不要抢劫了孩子的时间。

不要抢劫了孩子的时间。

海伦脑中有些想法，她打电话问我是否可以前来拜访。她一进门，我就发现她焦虑不安。她站在那儿，大衣也不脱，就开始了长篇的讲述。

　　"珍，我不清楚你知不知道；可是昨天的课，我上不下去。讨论中的一些东西让我很不自在！我知道这听起来有点神经质，但是我一直觉得吉诺特博士的每一句话都是针对我说的。

　　"开始我还没感觉到，当他说：'我们最重要的目标之一就是帮助孩子摆脱对父母的依赖，'我想，'这很显然。没人愿意孩子到了30岁还不成熟，还和父母住在一起！'……但是，他接着说：'衡量好父母的标准，应该看他们不希望为孩子做什么。'我的心抖了一下。'噢，上帝，'我想，'如果这是好父母的标准，我可不够格。'"

　　她停了一会，接着说起来，更像是自言自语："另一方面，如果我为孩子做得太多，也只是因为我真的相信这对他们好。如果比利忘记带午餐，我又不给他送到学校的话，他会又不高兴又觉得饿。他不吃学校的午餐……如果我不在拼写测验前帮劳里复习，她的分数会很低，变得垂头丧气。如果我不在坏天气时开车把两个孩子送到学校，他们都会着凉——总是这样。"

　　突然，她转向我："我现在做的事情有那么可怕吗？这不就是父母的责任吗——帮助和保护孩子？但是，听到吉诺特博士几次三番地说：'对孩子帮助最大的是不帮助。'我就不再那么肯定了。也许我做的对他们没好处。"

海伦走进起居室，我跟在她后面。"但是，也不敢肯定他说得就对，"她嘟囔道，"专家也会犯错，你知道！噢，也许我为孩子做的有些事他们可以自己做。比利现在7岁了，他每天早晨仍然会到我房间来，给我他的梳子。他自己可以梳得很好，但是每次我帮他梳完，他看上去都那么帅、那么有魅力……我不信像给孩子梳头发这么简单的事情会影响他们的自理！"

"自理！上节课讲完之后，我去查字典，看看这个词是否是我知道的那个意思。我猜，我是希望这个词的字面定义可以让我松一口气。但那是个错误。根据《韦伯词典》，自理的意思是自我控制、自我管理、听从内心和独立。这说的显然不是我的孩子，他们仍然每天都问我该穿什么上学——更糟的是，我仍然会回答他们。"

"海伦，"我说，"你太苛求自己了。"

她没理我。"对我的孩子的贴切描述是'母亲控制、母亲管理、听从母亲'，至于'独立'，每当想起这个词，我都不知道是该哭还是该笑。有时我觉得自己和他们黏在一起了，我不确定应该何时退出让他们自己来。劳里考试得了一百分，我觉得就像自己得了一百分似的。比利不合群，我感觉就像自己不合群一样。"

海伦重重地陷进沙发里。"这不是因为我不了解自理是什么，我只是没有力量帮孩子实现自理。吉诺特博士老是说什么来着？'理智只会吸收情感允许的知识。'好了，我的情感最终没有让那么多东西进入我的大脑。"

我在海伦身边坐下。我们俩都皱着眉头盯着地板。我不知道该说什么。"海伦，"我小声问，"我去拿笔记好吗？你觉得这会有帮助吧？"

"你的笔记！"她喊道，"你不需要笔记。你知道我为什么会来找你？因为我看到你没费事就让孩子自理了。我仍然记得那个冬天，吉尔回到家，只穿着一条健身短裤和健身上衣。如果劳里这样，我会发起疯来，问她大衣哪里去了，而不会像你那样。吉尔说：'妈妈，公共汽车司机说我回到家会受罚的，你打算怎么处置我？'我永远忘不了你的回答，你非常平静地说：'天气冷的时候，我希望你自觉穿上大衣！'

"还有一件我无法忘记的小事。有一天大卫冲进来喊着：'我今天又忘了带小提琴了，我已经连续3个礼拜忘记这件事了！从现在开始你得提醒我，每个星期二都要带小提琴。'

"你知道你做了什么吗？你只是同情地点点头，说：'很难记住这种每周只上一次的课需要带什么，对吧，大卫？但是我了解你，你总会自己想出办法提醒自己的。'

"你知道遇到这种情况我会怎么做吗？我会写一个醒目的提示，告诉自己每到星期二都得提醒孩子。我想说的意思是，珍，你天生就会教孩子自理。"

我感兴趣地听着海伦的话。难道我做起来更自然吗？为什么呢？我试图回想自己小时候的情景。我父母都是移民——他们辛勤工作、忙忙碌碌：母亲总是在做饭和打扫；父亲整天都在维持他的小生意的运转。他们不太有可能喂我们吃饭、帮我们穿衣。他们希望我们自己来。

我们确实做到了。我们自己去图书馆还书，出门时坐地铁或者公共汽车，在学校里遇到了问题自己解决。对于我们的学业，父母唯一需要做的，就是给我们的成绩单签字。即使在那时，重点也不在于我们考了多少分，而是他们的签名。我仍然能回想起父亲在厨房的桌子上清理出一块地方，郑重地坐下，自豪而极为小心地用英文写下他的全名。

我猜，我的父母确实帮了我。他们没有刻意地让我独立，他们也许连这个词的意思都不知道；但是我自然而然地变得独立了。

我告诉海伦这些事。

"你意识到他们给你的这份礼物吗？"她说，"我的童年就非常不同。我必须向我母亲报告几乎每一件事——我的衣服、成绩、行踪、朋友。我记得每次约会完回家，家里所有的灯总是亮着的，父母两人都在等我。如果我不原原本本向他们报告，他们就睡不着。有时，我觉得他们比我还享受我的约会。"

"伙计，这一定很难承受！"

"不，倒不是这样。我不知道还有什么其他选择。但是，我明白是你的家庭背景赋予你独特的优势。我现在完全明白了。父母给予你独立的机会，所以你可以更容易地把这个机会传给你的孩子。"

"不会进展得那么快，"我说，"也许我的独特背景帮了我，但是我使用的技巧并不来自我父母。比如，我总是认为，每个问题都有一个答案。如果孩子提出问题，我一定会回答。吉诺特博士讲过，孩子需要空气和空间来探索自己的想法，已经知道答案的成人会侵犯孩子思考的权力，听到这些之后，我开始以退为进。

"第一次不刻意去回答孩子的问题时，我觉得很别扭。一天早晨，大卫问：'你觉得吉米和汤米会合得来吗？今天他们和我一起回来。'好吧，这是几天以来别人向我提出的最有挑战性的问题。我几乎就要给这两个男孩做性格分析、预测他们关系的走向了，这时我突然想起来了，我不动声色地说：'这个问题很有趣，你是怎么想的，大卫？'他考虑了一会，然后说：'我认为他俩一开始会打架，然后成为朋友。'"

　　我想海伦听到这里会笑一笑，可她激动地看着我，我不得不继续讲下去。

　　"你记得吉诺特博士说过的吗，一个丈夫不让他的妻子学开车。'亲爱的，'他对她说，'你学开车，把自己弄得头疼，实在是没有必要，只要我在，无论你想去哪里都可以告诉我，我开车带你去。'

　　"我假设自己是这个妻子，从她的角度想问题，一下子就明白了孩子在大人不让他们干这干那的时候是怎样的灰心丧气。我总结出父母可能会使孩子觉得无助和依赖的各种言行，可是他们都是以'爱'的名义这样做。

> 妈妈帮你拧开罐子，宝贝儿。
>
> 来，我帮你系扣子，甜心儿。
>
> 需要我帮你做家庭作业吗？
>
> 我帮你放好衣服了，亲爱的。

　　"听起来父母们都很无辜，他们的本意非常好，但是，无形中强调了一点：你需要妈妈，你自己做不好。

　　"你一定觉得，既然我已经想到这里，肯定会改变自己的做法。可是我没有。我必须在改变之前逐个听听其他母亲的事例。

　　"海伦，你知道我曾经每天早晨都要精心准备着送孩子们上学吗？否则他们怎么能带齐午餐、书本、运动鞋、眼镜、笔记、钱、手套和靴子？我不得不帮他们拿衣服、拉拉链、系围巾、穿靴子，还要在快到点的时候赶他们出门。

　　"有一天早晨，我走出房间，喊道：'孩子们，你们准备好出门的时候告诉我！'我在床上呆坐了10分钟，当他们蹒跚地走出来说再见的时候，我发现他们穿得暖暖的，一副对自己很满意的样子，突然之间，扣子有没有扣上、大孩子戴着小孩子的手套这种问题似乎变得不那么重要了。"

海伦继续看着我，她的兴致非常高。我试着回想另外一个例子。"我来给你讲讲另一件事，如果我没有刻意地运用学到的新技巧，它就不会发生。大卫在8岁时告诉我，他需要钱，想找个工作。我几乎忍不住想告诉他——当然是很温柔地——没人会雇用一个8岁的孩子。但是，吉诺特博士的话言犹在耳：**'不要带走希望，不要为失望作准备。'**所以，我只是说：'我知道了。'接下来发生的事难以置信。大卫翻出电话本，念叨着他想要找的工作类型，搜索着当地生意人的名字，开始打电话，和商店经理们交谈。最后，他告诉我：'你知道一个人必须满14岁，有了工作许可才能找到工作吗？当我满了14岁，我会去五金店打工，店主是个好人，我喜欢和工具呆在一起。'

"海伦，你知道，我真的是差一点就干涉他，毁掉他这次宝贵的经历，换做是我的母亲就会说：'这简直傻到家了，谁会让8岁的孩子工作？'"

海伦做了个苦脸："求求你，珍，别再提了！刚才我觉得很沮丧，现在简直想找个地洞钻进去。"

我意识到刚才讲的话有点让人难以忍受，但是我像上了发条一样，非要讲下去不可。"海伦，你知道我最享受的是什么吗？再也不用当军事训练员了。我曾经整天严厉地发号施令：'把积木拿走！洗洗你的手！穿上你的胶鞋！关上门！'现在，只需要把问题描述出来就行了，不用再喊出命令了。我喜欢像唱歌一样欢快地说：'孩子们，门开了！'或者'天气预报说今天会下雨！'"

海伦站起身，拿过大衣，"珍，我不能再听你说了，你听见

自己说什么了吗？'享受''喜欢''唱歌一样欢快'，好吧，
我不会唱出来，这不是我的个性，不是我的风格。"

"听着，"我有点生气，"我不想得什么奖章，但是你提
到了'风格'，风格的形成需要一点努力。如果我告诉你，一
路走来，我常常觉得自己很傻很泄气，你是不是能感觉好一
点？你想知道一开始我是怎么连一件简单的事情都处理不好的
吗，比如克制着不回答孩子的问题？"

海伦又坐下了。

"这发生在去年，我姨妈索菲来做客，她问安迪多大了，
我对自己说：'我不会替他回答，小孩子有机会自己回答问
题，这很重要。'但是，当我看到他盯着姨妈，张着嘴巴，像
个傻瓜似的样子，我忍不住了。在我意识到之前，'6岁！'这
句话脱口而出。"

"我感觉好点了。"海伦说。

"听了这个你可能还会高兴些。有些最简单的原则，我却
最难接受。我几乎厌恶吉诺特博士讲的'多依靠别人来帮助我
们的孩子'。你记得他说'问问你自己：在这种情况下，谁对
我的孩子最有影响力——推销员、老师、牙医还是童子军训导
员？'吗？

"我一点都不能同意这些话。任何一个外人都不能取代我
对自己孩子的影响力。所以，你可以想象出当我发现外部世界
的简单评价——只是因为它是来自外部世界的简单评价——可
以造成我所不及的影响的时候，有多么的惊讶。

"例如，我唠叨了一个月，试图让大卫去理发，可一点用
都没有。然而有一天他漫不经心地走进来，说：'嗨，妈妈，
我今天下午去剪头发了。'海伦，你知道谁说服他的吗？是学校
看门人，你知道他怎么说的？他说：'大卫，你需要理个发。'

"我来告诉你我遇到的另一件难事——现在还没有解决。它就是如何让我不再插手孩子们自己的事情。我总是忍不住针对每件小事问问题和发表评论。你知道吉尔回家时我有多唠叨吗：'老师喜欢你的作文吗？她怎么说的？我帮你做的数学作业还行吧？你的新连衣裙穿起来真漂亮。有人注意到了吗？'

"你知道需要怎样控制自己才能只是简单地打个招呼：'嗨，小南瓜，'然后让她主动告诉你她认为重要的事情？"

那天下午海伦头一次情不自禁地微笑起来，"你终于讲出了一件我不会为自己的孩子做的事！我听了很长时间我妈对我的评论了，它们的剂量是如此之大，以至我绝对不会再以此骚扰我的孩子们。"

"每个礼拜我去看妈妈，都会听到她的唠叨：'你看上去挺累，亲爱的。你休息得够不够？杰克总是下班很晚吗？为什么你最后才把牛排从冰箱里拿出来？这样永远不会及时做好端上桌的。我不想妨碍你，亲爱的，但是我觉得如果先解冻，肉尝起来会更好。'

"当我听到这些，珍，我会不由自主地停下手中的活儿，和妈妈解释说我睡眠充足、杰克到了工作忙的时候、为烹调冻肉辩护、向她保证晚餐会及时端上来……

"你知道，珍，只是大声说出来就让我觉得厌恶。就像你告诉孩子：'我必须成为你的每件事的一部分，我想抓住你生活的每一个细节。没有妈妈的意见、批准、指导，你永远都办不成事'……最坏的是，不停出现的评论和问题抢劫了孩子的时间——他们亲身体验生活、找出自我的意义的时间。"

"很对！"我激动地宣布。现在是我盯着她，一个能够如此畅快地表达自己的人，懂得的东西一定比她认为的多得多。

"海伦，"我说，"我得换个话题，有那么一段时间，你

几乎让我以为你是个承担了太多责任、保护过度的母亲。如果
我停下来仔细想想，会发现事实并不是这样的。"

海伦看起来有些困惑。

"就是劳里参加布朗尼海报比赛的时候，"我说。

"噢，那个啊，"海伦满不在乎地说。

"是的，就是那个！你有很多机会插手孩子的事，劳里非
常努力地想让你帮她拿主意，她跟着你从一个房间走到另一个
房间，追问着：'妈妈，我该怎么做？我应该参加比赛还是不
应该？你觉得我会赢吗？'……记得你是怎么回答她的吗？"

海伦摇摇头。

"你做了该做的事——让劳里自己思考。你说：'你想参
加比赛，这很令人激动！你想知道会不会赢……劳里，你自己
是怎么想的？'她屏住呼吸说：'我要试一试。'

"你说了这话没有？——'这是个明智的决定，亲爱的。
毕竟，没有冒险就没有收获。'没有，你没说，你没给出最
有帮助的回应，只是说：'噢。'

"但是，真正让我惊奇的是几周以后，劳里拿着一条'荣
誉奖'的绶带回了家，如果我是你，我会脱口而出：'劳里，
你真棒，我真为你骄傲！'

"可你只是拥抱了她，说：'劳里，你必须为自己骄傲！'啊
哈，劳里站在那里的样子——昂首挺胸，看起来是那么地满足。

"那么，一个能够享受孩子成功、也不会归功于自己的母
亲，一定懂得很多道理。"

海伦看上去有点不自在。"也许是因为你在场我才表现得
好的。好吧，我会在别人面前表演一下，但是你应该看看没有
别人的时候我的表现。珍，我不知道我为什么是唯一的一位解
决不了孩子自理问题的母亲。昨天坐在那里听课，听着别人的

成功故事，对我来说就是纯粹的折磨。"

"你听到罗斯林讲的了吗？她女儿上学迟到了，她却很放松。她是那么肯定老师的严厉责备比她的家常唠叨有效得多。"

"我不会那样做的。我必须保护劳里，不让她挨批评。

"还有，看看李，当孩子们没带手套就玩雪的时候，她没有强烈反对，她告诉我们自己相信孩子们在冷到一定程度时会自动进屋拿手套的，到时候她会高兴地搓搓他们的手，或者给他们弄一杯热可可。

"我就会担心孩子们冻伤了怎么办。

"还有凯瑟琳——她发现儿子的午餐盒落在厨房桌子上，却没有那种想要给他送到学校的急迫感，我猜，她想通了，无论发生什么——他可以和老师借钱买午餐、从朋友那里分到半个三明治或者挨饿——他还会一样的生龙活虎，同时也将获得经验——自己可以不依赖妈妈。

"所以，你看，珍，不是我不知道自己该做什么，我只是狠不下心。这完全违背了我的自然本性——帮助、保护、管理……这是我的问题。"

我想提醒她："事实是，这不是你的问题！这是每位父母的问题。你说让孩子自理不是你的本性，我来告诉你，这是所有父母的本性，他们希望紧抓着孩子不放、保护、控制、建议、指导。这种本性的本质是希望被孩子需要、成为对他们最重要的人。"

"还有一件不自然的事，就是父母让孩子自己体验失望、希望和努力奋斗的过程，放手让他们自立，如果父母能完全做到，也算是一种奇迹。"

海伦沉默许久，当她终于开口的时候，语气迟疑不决，声音很低，我不得不身体前倾才能听清她讲话。

　　"我猜你想说："让孩子自理实际上是一种爱的方式……
其实更爱他们的做法是让他们完全靠自己，对吗？……让他们
自己经历生活——即使是不好的事情，更能表现父母的爱，不
是吗？"……你的意思是如果不这样做孩子迟早会恨你，因为
你没有给他们磨练的机会。"

　　海伦突然站起来，朝大门走去。

　　"你去哪？"我问。

　　"回家，"她说，"我要送给孩子们一样东西。"

　　"什么东西？"我问。

　　她转过身微笑着说："对一些健康无害的事坐视不理。"

第 6 章

一种有效的赞赏方法：
描述你看到的或感觉到的

* 我们给孩子最珍贵的礼物，是让他们积极
  看待自己。
* 夸奖孩子"好"并不错，但仅仅是夸他（她）"好"
  还不够。
* 描述性赞赏让孩子对自己有了全新的认识。
* 不是他们想什么，而是我知道什么。

　　适合的赞赏方法如同优美的音符，解放
了父母，也解放了孩子。

罗斯林是一位坦率直爽、热情诚恳的年轻母亲，我们下一节课由她主持。她用生动的细节给我们讲述了她刚刚遇到自己大学室友的情景。

"我看了她一眼，做了件很奇怪的事。我假装不认识她，我不知道为什么要这么做。她是个很和善的人。但是，某种程度上讲，她有点让我觉得……对自己不确定……不是很高兴。

"有一瞬间我想朝另一个方向走，接着我想到：'简直荒唐！我是个成年人了，我都成家了。'

"'你好，玛西亚！'我叫道，表现出似乎刚刚看见她的样子。'多年不见了！'

"她见到我是那么地高兴，想起刚才还试图躲开她，我觉得自己很卑鄙。她亲热地搂着我，说：'罗斯林，你住在附近吗？我刚刚搬到这里！'我们谈论了过去的时光，分享了彼此孩子的照片。她接着问我在这里干吗，我有点不想告诉她，谁会告诉别人自己出来是为了上课，为了学会怎样成为更好的母亲？但是当她提到自己给残疾的孩子教课时，我突然觉得，为什么不告诉她呢？

我们在这里学的每一样东西都有可能对一位老师大有裨益。

"所以，我开始描述我们的课程。我告诉她我们是怎样学习向孩子表达愤怒而不伤害他们的，怎样帮助孩子更加自立，还有我们学会承认孩子的感觉之后发生的那些奇迹。她带着极大的兴趣听着，直到我讲到我们学习的新的赞扬方法，她才又作出了那种不以为然的表情。

"'描述你看到的或感觉到的？'她皱着眉头说。'我一点都不相信。为什么明明能让孩子知道你想什么，还要绕这么大一个圈子？如果孩子给你展示他做的锅垫，而且做得很好，我没觉得直接告诉他你的感觉有什么错，如果东西真的做得不好，就说不好，这也没错。我从不喜欢娇惯孩子。'

"我试图解释描述事实并不是娇惯，描述只是没有直接判断事物的价值而已。

"她真的有点不高兴了，'价值判断有什么错？'她冷冷地问，'老师的责任就是给出真实的价值判断。如果得不到评分，孩子怎么能进步？'

"'另外，真正重要的是我的学生知道我很诚实，我不需要借助委婉的手段。如果他们犯了错，我就给他们指出来——就事论事。如果他们做了傻事，我也直言不讳。我告诉他们：这样做很白痴。'

"我惊呆了。'你说孩子们白痴？'

"'我不是说他们白痴，我是指他们做的事情白痴，这有很大的不同。'

"'可是，玛西亚，如果有人对我说，我做的事情很白痴，我自然会觉得是我本人白痴。'

"'不会这样的。孩子们会自己分辨的。无论如何，我们是在吹毛求疵。我的经验是，如果关系好，我怎么叫孩子都可以——笨蛋、傻瓜，甚至白痴，他会接受的，因为他知道我在乎他，我是为了他好。我说了你或许会感兴趣，我的学生们进步特别快。'"

罗斯林无奈地耸耸肩："好吧，吉诺特博士，我不知道怎么回答她。最糟的是她让我迷惑了。她看上去真的很在乎孩子们，她说得那么肯定，还有事实为证，难道她完全错了吗？"

有人似乎挺愤慨，大家都想发表意见，吉诺特博士则在一边等待着我们安静下来。

"罗斯林，"他说，"我是这么看的。我们能给孩子的最珍贵礼物就是让他们积极、现实地看待自己。那么孩子对自己的这种看法是怎么形成的呢？不是一蹴而就，是逐渐通过经验积累形成的。

"为了帮助理解，我们可以把孩子的自我认识想象成湿水泥，我们每次对孩子的回应都会在水泥上留下痕迹、塑造他的性格，这使得父母和老师负有永久性的责任。我们最好确保自己留下的每一个印迹在水泥变硬后不会让我们感到后悔。

"任何成年人都不要低估自己的言论对孩子的影响，你还记得大卫曾经对你说过的话吗，珍？他说：'我的朋友和我一直互相称呼对方傻瓜，这只是开玩笑。但是，当你父亲或母亲——或者老师——叫你傻瓜时，你会信以为真，因为他们一定知道些什么。'

"那么，一个接受了自己是个傻瓜这个'事实'的孩子，他会发生什么事呢？如果出现了新情况，他能不能接受挑战？答案很简单。他会对自己说：'我是个傻瓜，为什么还要尝试呢？如果我不去试，就不会失败。'另一方面，如果经过几年的磨练，他证明了自己的能力，就会给自己发出不同的信号，对自己说：'我有这个能力，所以我要尝试，如果不成功，我就想别的办法。'

"但是，罗斯林，我理解你在试图与人交流这些想法时的心情，描述性的赞扬是一个难以解释的概念。我在父母组织、医学会和教师协会中都做过演讲，人们普遍的看法是连续性的负面批评是有害的。同是对孩子的正面评价，'好孩子'和对孩子正确行动的描述之间的区别，就很少有人看得出来。"

"你可以让怀疑的人到我家来看看，"凯瑟琳说，"我乐意给大家解释这种区别，因为这两种表扬方式我都试过。多年以来，我只根据孩子们的表现对他们说'好孩子'或者'坏孩子'，这也是我母亲惯用的方式。有一天，和5岁的克里斯买东西回来，我刚想说：'你今天是个非常好的孩子。'但是我想：'我要试试新方法，描述我感觉到的和看到的。'所以我就说：'克里斯，妈妈要谢谢你今天在商店帮助了我，你根据瓶子和盒子的大小安排它们在购物车里的位置，你让买东西变得简单了，我的篮子里一下子就多出了很多空间。'

"你们知道吗，自从那天开始，他不仅会帮我安排购物车里的杂货，还会帮爸爸整理工具柜，为我整理储藏室，现在他正忙着整理自己的玩具架。他不再纠结于自己到底是好孩子还是坏孩子了。他认为自己是个能够自觉把东西摆放得井井有条的人，对我来说，这就是巨大的区别。"

"我也要给不相信的人讲个故事，"李说，"我想迈克那时才8岁。快吃完晚饭的时候，我站在小凳上拿橱柜里的桃子罐头给大家当甜点，当我抓住罐子时，一些桃汁洒在了我身上，我非常生气。'谁过来解释一下这是怎么回事！'我喊道。

"杰森马上说：'不是我干的。''也不是我。'苏西接着说。但是迈克一直没开口。我们都看着他。于是，他小声说：'我觉得是我干的，我昨天打开了罐头，把剩下的放回去了。我就吃了一块桃子。'

"好吧，只是看见那张担惊受怕的小脸，我的气就消了。我几乎要从凳子上跳下来拥抱他，告诉迈克他是个多么诚实的好孩子。但是我丈夫抢先一步开口了，他刚刚参加了吉诺特博士的'父亲小组'，他只是描述了迈克的行为。

"他说：'噢，迈克，我敢打赌，讲真话不容易——特别是在妈妈说话的声音那么大的时候。'

"迈克看起来很喜欢父亲说的话，我想这事就这么过去了。但是，接下来的一周，我丈夫和我看完电影回来，发现厨房门上用创可贴粘着一张纸，上面写着：'玻璃碎了。不要光脚走路。打碎玻璃的人敬上，你们诚实的儿子，迈克'——他父亲可从没说他是'诚实的孩子'！"

罗斯林不高兴地听着，她说："如果我把这个故事讲给那位前室友，她一定会冷嘲热讽，她会说：'夸奖孩子诚实有什么可怕的？为什么要旁敲侧击呢？'"

"我们来考虑一下这个问题，"吉诺特博士说。"假设李的丈夫这样对儿子说：'迈克，你是个非常诚实的孩子——你是世界上最诚实的孩子。'迈克会怎么想？

"他会想：'我爸爸不知道我曾经撒过谎。'

"迈克会突然觉得紧张，因为他不配得到这么高的赞许，父亲给他设定的这个标准太高了，迈克无法做到。他会犹豫不前，怎样才能摆脱这种约束呢？也许他会撒点小谎——只为向父亲证明他毕竟不是从来不会说谎的天使。

"对于外行人来说，他无法理解为什么自己真心地表扬了孩子之后，他们会变得不那么乖。对于心理学家来说这就不是什么解不开的疑团。心理学家明白孩子必须扔掉那些不属于他的高度赞扬，这种赞扬太约束人了。所以，明白了这个道理的父母们应该知道，给孩子过分的赞扬实际就是自找麻烦，比如这样说：'你总是帮助人。你是我知道的最讨人喜欢的孩子。你非常聪明。'"

"哎唷！"海伦说，"这些话听起来太熟悉了。过分赞扬曾

经是我的专长，我从不会放过直率地告诉孩子他们有多棒的机会。我认为：'形容词用得越夸张，表扬的效果就越好。'

"但是，我的孩子没有变坏，他们只是不相信我。比利给我看他画的画，我说：'棒极了！'他会说：'可是，你真的喜欢它吗？'，我说：'是的，我真的喜欢。我爱这幅画。'他说：'你只是想让我高兴。'只有在我描述他的画的细节的时候，他脸上才会现出自豪的表情。

"罗斯林，我觉得如果你的朋友玛西亚仔细观察一下孩子的面部表情，她就很难再去使用老一套的方法。"

罗斯林迟疑地说："我不知道能不能把这一切讲给她听，她需要一个与她的班级有关的直截了当的例子。"

"好吧，"海伦说，"也许我能说得具体点。你说过，有个孩子给她看一个锅垫，她说：'做得好。'，也许她还可以这样说：

"'我多么喜欢看这些颜色啊！粉色和橘红色最养眼睛了。'或者……

"'我喜欢你作品里面那些上上下下的条纹，这让我想起蒙德里安的画。'或者……

"'你妈妈一定会喜欢这块全新、原创、手工制作的锅垫的！'或者……

"'里面的棉絮填得好厚啊，端着再热的锅也不怕烫。这才是真正的锅垫！'"

"这个，"吉诺特博士笑着说，"就是我讲的具体的、描述性的赞扬。罗斯林，夸奖孩子'好'并不错，仅仅是夸他'好'还不够好，这个词的作用有限。海伦的描述性赞扬让孩子对自己有了全新的认识，他看到了仅靠自己永远也发现不了的自我层面。例如，现在他知道自己有能力用行动保护别人、他发现自己对颜色的选择令人愉快、他认为自己能制作一些独特和有用的东西、他发现自己的风格和某位著名艺术家相似。'谁是蒙德里安?'孩子会问,他的求知欲也会被激发起来。"

罗斯林回答:"我觉得前室友一定会说:'理论上这个可行,但是,哪个老师会足够聪明,能够一直用这种方式表扬孩子?'"

"我们讨论的,"吉诺特博士说,"不是要你做的尽善尽美,而仅仅是一种指导。我觉得我们做到70%就很好了。即使只做到10%,也会有很大的不同。你饿了的时候,有一点食物总比没有强。"

听着他们的讨论,我觉得越来越没有耐心。没人提到最让我伤脑筋的问题。

"罗斯林,"我说,"我一直坐在这里听,想象着这样一个场景:一个残疾的孩子,给他的老师看一块他精心制作的锅垫,而老师却说'做得不好',而且她还以此为荣——认为自己诚恳。我不知道谁——包括成人和孩子——可以通过这种评论取得进步。另外,难道她没有注意到,一个孩子是多么容易讨厌自己的作品——他会说:'它是不是很糟糕?'难道老师就应该回答:'你说得对,说实话——它真的很糟!'吗?"

吉诺特博士利用这个机会说道:"你提出了一个很重要的问题。孩子不满意的时候,我们应该怎样帮助他们?假设一个孩子说:'我做的锅垫很糟糕。'我们的回应可能是:'噢,我看得出你不满意自己的作品。'

"'是的,缝得不好。'

"'噢,针脚那里有什么问题让你不满意吗?'

"'嗯，是的——它们歪歪斜斜的。'

"'那么，如果针脚笔直得像一条直线，你就满意了，对吧？'

"'是的。'

"这种对话帮助孩子把注意力集中到他想实现的效果上，现在他就可以毫无顾虑地进行修改了。当我们说他做得不好时，就消灭了他所有的继续下去的动力。"

罗斯林若有所思地叹了口气："我希望今天遇到玛西亚的时候，你能在我身边，吉诺特博士。你一定能说服她。当然，她也会和你争辩，她喜欢寻找事情的薄弱环节，我了解她，她会这样说：'这对那些已经知道有什么不对劲的孩子来说应该没有问题。但是，该怎么对待那些没发现自己错误的孩子呢？比如说，孩子写字模糊难辨，却以为这样很酷，你难道能视而不见任其发展吗？从长远看，这样迟早会害了她。'我想知道你会怎样回答她。"

吉诺特博士转向我们："谁来接受这个挑战？"

我自告奋勇："我准备好回答你的问题了，罗斯林。大约一周前，大卫把他的诗歌成绩单拿回家，在他写的第一首诗旁边，老师用红墨水批注：'书写邋遢。'

"我忿忿不平，她为什么这样伤害孩子的自尊心？孩子的优点你不说，偏要挑毛病？

"有一阵子我真想去质问老师，我得告诉她，是我付钱让她来培养我儿子的，希望她能帮他提高能力，而不是对孩子的缺点横加指责。如果她想培养出好孩子，应该从认可和欣赏孩子的成绩开始，然后再考虑是否讨论他的所谓'缺点'！

"好吧，作为老师，其实可以做很多好事……无论如何，大卫递给我那张纸的时候，我告诉他我很愤怒。

"'这是真的，'他小声说，'我的书写确实很邋遢。'

"他相信她了! '大卫,'我说,'我认为,如果谁的书写需要改进,那么我们需要讨论如何改进它,而不是批评指责!'

"我给他一支铅笔和一张白纸,让他随便写下自己喜欢的三个词。他写的是自己的名字、中间名和姓。潦草得像医生的处方签名——你绝对看不懂。老师说得对!

"我研究着那张纸,终于找到一个写得还不错的字母,于是对大卫说:'大卫,字写得整齐的一个窍门是让所有字母排列在一条直线上,比如你写的这个D,就是个很好的例子。'

"大卫把纸折了一下,慢慢地又写了一遍,现在看起来好一点了,我说:'你写的v、a和D都在一条线上!'我想暂时先练习到这里,可是大卫希望继续,他问:'还有呢?'

"'另一个窍门是,让所有字母都朝一个方向倾斜,这不容易。'

"大卫说:'我也能做到。'他确实做到了——或多或少。虽然远谈不上完美,但进步是很明显的,大卫非常激动:'告诉我还要怎么做!'

"'下一步是最难的。就是让字母之间保持相等的距离。'

"大卫又折了一下纸,这次他写得非常非常慢。'这样对吗?'他问。

"我先看了一下,然后开始描述:'每个字母之间的距离相当均匀,所有字母在一条线上,大部分都朝一个方向倾斜。这样的书写让人爱看!'

"'实际上,'大卫宣布,'如果我愿意,我的书写会非常整洁。也许我以后还会再练习一下。'

"我不确定这个例子能否说服你的朋友,罗斯林。她可能认为我做得有点过度。但是,我不知道还有什么其他办法能让孩子有自信。"

罗斯林没有说话。我的故事讲到一半时她就走神了，我看到她沉浸在自己的想法里。但是，吉诺特博士很满意我的例子："你给了大卫自由和方法，帮助他改进自己的书写。

"对于刚刚受到批评伤害的孩子而言，父母帮助的作用很大。怎样帮助？给他解释问题。就像你做的那样，珍。我们可以把一个负面的评价解释为一个需要怎么做的列表。'书写邋遢'**意味着字母应该排成一条直线**……'缺乏数学技巧'意味着**需要更多练习**……'行为粗鲁'意味着**需要等别人讲完话之后再开口或者不要用攻击性的语言表达愤怒**。这样解释一下，立刻就能见效。

"但是，面对毁灭性的批评，最好的自我保护是建立强大的自我认识。同样被批评，觉得自己好的孩子要比那些已经产生自我怀疑和厌恶的孩子恢复得快得多。

"最近，我发现在孩子巩固自我认识的时候，父母的帮助比心理医师的有效。父母不仅可以对孩子的行为表示赞赏，还能利用过去的实例提高孩子的自我评价。母亲或父亲可以告诉吉米，他小时候很早就学会了说话，喜欢收留无家可归的小猫，勇敢无畏、什么都敢爬。除了父母，还有谁能记得他曾经修好了厨房里的钟表、自己策划过生日聚会或者在妈妈生病的时候给全家做早餐。每个孩子都有很多琐碎的经历，这些经历让他们与众不同。每位父母都是孩子生命中那些美好瞬间的'记忆仓库'。"

李兴奋地点头称是："如果父母能好好记住这一切，孩子该是多么幸运！"

她说："孩子过去的成就对他是很大的鼓舞——特别是被他最好的朋友的妈妈骂的时候。"

海伦几乎是饶有兴趣地问："你说的是谁啊？"

　　李幽默地笑笑："是迈克。上个星期六，他非常沮丧地回到家，几乎连话都不想说。从他断断续续的叙述中，我和丈夫汉克把这些片段拼接起来才明白是怎么回事。

　　"迈克和他朋友保罗用一根棍子玩拔河，突然，保罗向后一倒，结果被棍子的一头打到了鼻子。

　　"保罗的妈妈听到了他的哭声，便跑了出来。她看了一眼孩子血淋淋的鼻子，就说是迈克打了他。迈克否认，她就尖叫道：'你是个骗子！'

　　"保罗当然要为朋友辩护，他告诉母亲这是个偶然事故——他们都在拉那根棍子。'那么你们俩都不愿意负责任！'她叫道。

　　"弄明白整件事之后，汉克坐到迈克旁边，'迈克，'他说，'有人骂你时，他们说什么并不重要，重要的是你对自己说什么。儿子，你怎么对自己说？'

　　"迈克咆哮道：'我不是骗子！我没有不负责任！'

　　"'好吧，在我看来，'汉克说，'一个明知会陷入麻烦，却勇敢承认是自己打开了桃子罐头的孩子，不可能是骗子。'

　　"迈克张着嘴巴看着他。

　　"'在我看来，'汉克补充道，'一个为了保护家人不被碎玻璃伤害而清扫地板和制作警告牌的孩子，不可能不负责任！'

　　"'对！我确实那么做了，对吗？'迈克激动地说，"告诉她，爸爸。去她家或者给她打电话，告诉她我是什么样的人。"

　　"'你真的想让保罗的妈妈知道这些事，是吗？……迈克，我该告诉她的最重要的一件事就是你知道你自己是什么样的人。'

　　"迈克离开了房间。大约20分钟后，他回来了，一副忍俊不禁的表情，'我刚刚编了一句格言，'他说，'我不知道你

能不能听懂。'

"'说来听听。'汉克提议。

"迈克很严肃地说：'不是他们想什么，而是我知道什么……有道理吗？'

"我感到很震惊，在半个小时的时间里，这孩子从哭哭啼啼转变成睿智豁达。

"'有道理吗？'汉克重复道，'这是多么有哲理的一句话啊！'

"'迈克，'我说，'我想把它写下来，这样我就能看着这句话多多地思考。'你们知道吗，到现在这句格言还贴在我家冰箱门上。"

吉诺特博士非常感兴趣地听着。"我觉得，"他说，"一个能够写出这样的话的孩子，具备了明显的优点，他有办法保护自己不受到那些有口无心的人对自己的伤害，就像孩子们每天都会遇到的那样。人们一旦被贴了标签——'骗子''不负责任''懒惰''没脑子'，往往很难走出这些阴影。迈克的自我认识就是他最有力的依靠，它是通往心灵自由的钥匙。

"李，你和你丈夫已经给了迈克这把钥匙——你们一次次地用欣赏的语调向孩子描述他独特的品质和能力，其实就是在帮助孩子明白，在一个非常深的层次上，他的力量在哪里，他自己是怎样的人。

"如果一个人在别人的评价中长大，就很少能达到这种程度的自我了解，人生对他来说更为艰难。他常常会依赖别人，需要别人告诉他自己是什么样的人、能做什么、做得有多么好。"

这时，罗斯林突然活跃起来。"请等一会！"她喊道，"就是这样！什么都解释通了！我知道该对玛西亚说什么了。

我会说："你没有权利对其他人作出评判。你的工作是帮助你教的孩子们相信自己，而如果他们总是被人评价，就无法相信自己。你想让他们一辈子都拿着自己做的锅垫征求别人的意见吗？总有那么一天，孩子会对着自己做的锅垫说：我很满意，或者：我不满意。最终，他将有能力作出适合自己的选择。如果富尔顿或者哥伦布或者莱特兄弟依赖别人的意见，他们会怎样？'……你认为呢，吉诺特博士？"

"我认为，"他微笑着回答，"你会同意那些心理学家的观点的，他们相信，一个人格健全的人，所有灵感、力量和自我评价会与他同在。"

"我会引用你这句话的！"罗斯林高兴地说，"我会在下次遇到玛西亚的时候说！你不知道，这会感觉多么地印象深刻。"

她忽然用手捂住嘴巴："我在说什么呢！听我说，我仍然要试图说服她，我是对的。似乎只有她同意了我的说法，我才能重获自信似的。你意识到我在干什么吗？我把评价我自己的权利交给了玛西亚——把她的是非好坏标准当成权威。我让她对我做了她对自己学生做的事情！"

她转向李："迈克的格言是什么来着？"

"不是他们想什么，而是我知道什么。"

"帮我一个忙，好吗，李？请迈克再写一份这句格言，告诉他，你遇到一位女士，她想把这句话当成座右铭。告诉他，她也想把这句话贴在冰箱门上。"

第 7 章

为孩子设定一个好的角色

* 太多的表扬会给孩子带来压力。
* 发现不了孩子的优点同样让父母烦忧。
* 我们应该像孩子已经成为我们希望成为的人那样对待他们。
* 父母应该是"储存孩子最美好回忆的仓库"。

还能有谁像父母一样，储存了孩子童年最美的记忆。

1.“百无一用”的小先生

　　我们的小组再次聚会的时候，结果证明我们学到的功课在孩子身上起到巨大的作用，他们在过去两周时间里得到的赞赏比过去两年加起来还多。

　　“你刚才用了一个不好发音的单词。”

　　“我喜欢你的问题；它使我思考。”

　　“用了几乎一个小时解决这个难题？这需要恒心！还有集中！”

　　孩子们的自尊得到前所未有的“灌溉”，我们觉得自己是“非常好”的母亲。

　　如果非要找出唯一的不足之处，那就是我们有些过于热情了。太多的赞扬——即使都是有帮助的——有时对孩子来说也是压力。海伦说，劳里曾经说：“妈妈，我弹钢琴的时候，你不用每次都告诉我你喜欢我弹的琴！”

　　这是个很好的观点。我们一定要注意。但是，还有一个事实：描述性的赞赏可以直接对着孩子的心说话。我们在课堂上也听到过很多母亲讲述赞赏性的表扬有多么不可思议的力量。

　　内尔坐在教室后排，离大家比较远，听完一位学员热情洋溢的发言后，她摇摇头。

吉诺特博士看到了她，"内尔，"他说，"你还有疑问。"

因为被人注意而感到尴尬，内尔支吾地说："不，没有……我……我只是想知道自己哪里做得不对。其他人都是那么的……"她的声音逐渐消失。接着她突然说道："吉诺特博士，我找不出我儿子有什么值得表扬的地方。"

"这让你觉得困扰。"他关切地说。

"对，从来没对自己的孩子说过赞扬的话是很糟糕的一件事，如果肯尼斯太缺乏自信了——他认为自己什么都做不好。我猜他觉得自己一文不值：学习成绩平平，体育一般……"

"那你怎么看他？"吉诺特博士问。

内尔想了一会。"好吧，事实是，他确实没有那么优秀。我知道我应该更通情达理一些，但是有时我对待他的态度太急躁。看着他无精打采地在家里走来走去，我觉得他似乎刻意想成为'百无一用先生'。"

"你的意思是他几乎是为自己假定了一个角色，他做的每一件事都必须符合这个角色的特点？"

"是的！"内尔叫道，"就算遇到什么好事，他也不知道高兴。"

她眉头紧蹙。"也许他正在扮演某个角色。如果这是真的，那意味着什么？说明他已经难以自拔了吗？他长大之后会不会也这样？"

"有可能，"吉诺特博士回答，"除非有人能对他有不同的看法。"

内尔露出迷惑的表情，"我不太明白你的意思。"

"内尔，一个孩子无法对抗父母对他的期望，如果我们的期望值低，那么可以确定的是孩子的志向也会随之降低。如果某位父母说'我的孩子永远不会有什么太大的成就'，那么有可能最后的结果也会这样。"

"可是，吉诺特博士，"内尔喊道，"你说过，自我认识的形象应该既符合现实情况，也要积极正面。就我而言，是无法对肯尼斯有很高的期望的，事实上，他在学校里表现得并不好，并不可靠，还粗心大意。"

"现在的问题是，"吉诺特博士说，"我们如何才能帮助孩子从不可靠到可以依靠，从平庸的学生变成有能力的学生，从无法取得太多成就的人变为能够取得一定成就的人。

"问题的答案既简单又复杂：应该像孩子已经成为我们希望其成为的人那样对待他们。"

内尔看上去挺为难。"我仍然不明白，"她说，"你的意思是我应该试着想象肯尼斯能成为什么样的人，然后表现得就像是他已经成为了这样的人一样？"她无助地耸耸肩，"可是我不知道他会变成什么样。"

"内尔，这是我对你儿子的看法。"吉诺特博士慢慢地说。"我认为肯尼斯是个努力要成为男子汉的小男孩。"

内尔眨了一会眼睛，"是的，但是他什么时候能……"

吉诺特博士打断她。"我们开启的是一个棘手的话题，你可能得花点时间考虑一下。"

有人谈起另一个话题。一段短暂的讨论过后，吉诺特博士看了看他的日程表，告诉我们他要参加一个延时举行的旅行演讲，所以一个月后我们才能再见。

一个月后

一番寒暄过后，吉诺特博士扫视了到场的父母，他的目光停留在内尔身上，"你有事情要告诉我们。"他说。

内尔羞涩地笑起来，"你能看得出来吗？"她迟疑地说，似乎不确定要不要继续说下去。接着，她带着极大的热情开口了："你不知道上次的课对我的影响有多大，吉诺特博士，我无法忘掉你说的话——肯尼斯努力要成为男子汉。每次想到这些我都想哭，我不知道为什么……也许因为我仿佛看到了这个悲伤的小男孩对抗着所有困难，试图成为男子汉的画面。没人支持过他……连他的母亲也没有。"

内尔停顿了一会，平静了一下情绪。然后接着说："我突然有一种不可遏制的冲动想要帮助他。他的任务很艰巨，我希望给他所有力所能及的帮助。

"第二天，我心中满是这样的想法。我和肯尼斯之间的互动发生了明显的变化。例如，早晨的时候，他经常会冲回家来拿三明治，'我忘记带午饭了。'他会这样道歉。我不会像以前那样斥责他，而是用柔和的语调说，'在我看来，肯尼斯，你没有忘记带午饭——你及时地想起来了！'

"接着，那天下午，放学之后，肯尼斯要喝热可可，我又做了一件让自己吃惊的事，我建议他这次自己做一杯，还可以为我也准备一杯。

"我觉得这真的使他很激动，之前因为他的毛手毛脚，我从未让他靠近过炉子。

"'你是怎么做热可可的？'他问。

"'说明书在盒子上。'我说，然后走开了。

"过了3分钟，烧焦的牛奶的糊味充满了整座房子，我冲进厨房，看见肯尼斯站在那——他的衬衣、裤子、鞋上面全是溢出来的可可，面带愁容。

"'伙计，我可真笨！'他抱怨道，'我什么事都做不好。'

"吉诺特博士，那时我想起你讲的课：'牛奶洒了，我们需要一块海绵。'我在心里微笑起来。我对肯尼斯说：'噢，我看见可可溢出来了，你不希望弄成这样的，对吗？'然后我给他一块旧毛巾，我们一起清理起来。

"肯尼斯把污迹擦干净后，他嘟囔着，'我不知道自己为什么犯这么多错误。'

"我同情地安慰道：'犯错误确实让人泄气，你知道当我犯错的时候，你父亲曾经怎么对我说的吗？他会说，"不妨这样看，内尔，错误对你来说可能是一份礼物，帮助你发现自己之前不知道的东西。"'

"肯尼斯想了一会，然后半开玩笑地说：'是的，我发现煮牛奶的时候，最好不要把火开得太大。'

"看到他试图表现幽默感，我欣慰极了，我试着打趣道：'巴斯德博士，你的观察非常敏锐。'

"你知道吗，这是我们在一起最快乐的一天。"

吉诺特博士面露喜色，"关键在于处事的风格，通过感情传达信息，"他说。"我从你的讲述中看出，你们的关系有了全面的实质变化。内尔，不知你是否意识到，当孩子抱怨他犯的错时，你给他带来了多大的帮助。如果像这样一味地安慰他：'你没有真的犯那么多错误，实际上，你非常聪明，你真的比你想象中聪明得多。'，反而会让他也有不好的感觉，这种'保证'只会加重他的自我怀疑和焦虑。

"我还注意到，肯尼斯有点不情愿接受你对他的新看法。通常，一个孩子习惯于固守原有的自我挫败感，因为至少这是他所熟悉的东西。"

内尔认真地听着。"这就说得通了！"她喊道，"也许他想证明我对他的新看法是毫无根据的。你看，第二天，我给他一张5美元的纸币，让他帮我去买点食品杂货——我从没这么做过。他在走到商店之前就弄丢了那张钱。

"我非常难过，看起来他真像故意而为，我想，'过去是我一厢情愿，他永远不会改变了。他还是像过去一样不可依靠。'我太生气了，那天晚上都没和他说话。

"但是，次日早晨，我醒来后觉得冷静了一些。在某种程度上，我知道自己不能丧失信念——如果我对孩子的信念没有了，他就彻底迷失了。所以，我做了点在你看来似乎非常傻的事情。我又给了肯尼斯5美元，还让他去买同样的东西。

"他惊呆了。他说，'你的意思是，你信得过我？在昨天的事发生之后？'

"我说，'那是昨天的事了。今天是今天。'

"一小时之后，我在卧室桌前忙碌，这时我听到有什么东西被人从门下面塞进来的声音。那是个信封，里面装着零钱和一张字条。"

内尔从口袋里摸出一块纸片，她展开它，腼腆地读道：

> 亲爱的、了不起的妈妈：
>
> 　　我买了所有东西，土豆除外，它们太软了。
>
> 　　　　　　　　　　　　　　　　爱你的 肯

"你听到他怎么叫我了吗？我甚至不知道那是什么意思，还有他的签名！他以前从来没叫过自己'肯'。"

我对内尔感到惊奇——这个讲话轻声软语的女士，穿一身合体的棕色衣服，举止也很得体，甚至有点老派。她从哪里找到了如此的智慧和勇气，竟能这样做——而且没有丈夫的协助？我想知道吉诺特博士会怎么说。

他什么也没说，只是望着内尔——等待着什么。

"还有一些事，"她犹豫地说，"但是，我已经占用了太多时间了。"

"你需要多少时间就可以说多长时间，"吉诺特博士说，"请继续说下去。我们都在向一位'了不起的妈妈'学习。"

内尔脸红了。"但是，你没发现吗，"她说，"如果我没来这里上课，这一切都不会发生。能够感觉到自己对肯尼斯的爱是我收到的最好的礼物，这本身就让我发生了巨大的转变，而且，在这儿学到的技巧让我有能力在自己永远想不到的方面帮助儿子。例如，上节课时，你谈到父母应该是'储存孩子最美好回忆的仓库'，我没想到这会发生在自己身上。我开始对肯尼斯讲述他很小的时候的往事，他总是听不够。肯尼斯在托儿所里发生过的一件事着实让他自己入了迷。"

"给我们大家讲讲这事，"吉诺特博士说，"就像你告诉肯尼斯那样。"

内尔暂停了一会，说："我记得自己是这么说的，'肯尼斯，不知道你是否记得你第一次去托儿所的情景。老师问了我很多关于你的问题，其中一个问题是——肯尼斯用过剪子吗？'

"在我回答之前，你走到玩具桌旁边，拿起一把剪子和一张手工纸，漂亮地把纸剪成相等的两部分。

"老师很惊奇，'手真巧啊！'她叫道，'手指肌肉的动作很灵活很协调。'

"肯尼斯喜欢这个故事。但是，我想说的是，第二天，他给自己买了一套飞机模型配件，摆弄了好几个小时，完成之后，他拿给我看。

"'你是怎么把那么多小零件组合起来的？'我问。

"'你知道，'他恳切地说，手举得高高的，'手指肌肉的动作很灵活很协调。'谁会想到一个过去的小故事对他有如此重要的意义?

"但是,事情还没结束。大约一周前,我弟弟来看我们,肯尼斯很愿意他来,他很喜欢舅舅。我们度过了温馨的一天:上午去了教堂,下午长途散步,晚上我弟弟留下来吃饭。肯尼斯把他保留下来的校刊科学栏里的一篇文章拿出来,希望在饭桌上大声读给我们听。他断断续续地读着,但是,因为自己能够努力去弄清那些科学术语的意思而感到激动。

"文章是关于第一位从事人工心脏移植手术的医生的。肯尼斯读完后,在椅子上坐得非常直,'我知道自己长大要做什么,'他说,'心脏外科医师!'

"我吃了一惊。不仅因为他的话,还有他的样子——非常认真、非常严肃。我发现,他看上去真的像个男子汉。

"我弟弟开口了,他是个很好的人,但也是个现实主义者。他说,'肯尼斯,别当回事。首先,心脏外科是个门槛很高的领域,其次,你得有很高的分数、很多的钱、良好的人际关系才有可能成为心脏外科医生。而且,你能意识到干这个得承担多大的责任吗?因为一个人的生命就掌握在你的手中!'

"肯尼斯看着我。他那种沮丧的表情又回来了。

"我迅速插话道,'我明白你舅舅的意思,我觉得钱和人际关系可能是个问题,不过,到时候我们会克服这些困难。至于为别人的生命负责任,好吧,'我盯着肯尼斯结实的小手,'你有一双多么灵巧的手啊!'

"我从未见过肯尼斯这么地自豪。"

大家感慨万分,有人想发言,但是吉诺特博士做了个制止的手势,他知道内尔还没说完。

"我并不是对肯尼斯假装他将来一定能成为心脏外科医生,"她接着说,"但是,我认为,如果他对自己的看法很差,那么决不会有如此想法，不是吗？而且你知道吗，最奇怪的是，我开始相信这一切是有可能成真的！

"吉诺特博士，我的问题是，我是不是太一厢情愿了？我是否高估了自己对孩子的新态度的效果？在某种程度上我认为自己是对的——是我导致了情况的变化。但是，我还是有所怀疑，'怎么可能有那么好的结果？我只不过是做了点零碎的小事而已'。"

吉诺特博士严肃地说："内尔，虽然给孩子注射小儿麻痹症疫苗只需要一分钟，但是，可以使他终生免疫。"

这正是内尔期待的回答。她坐下来，深呼一口气。

再没人说话。好几位女士在静静思考，还有几个人走向内尔，私下对其表示她们的钦佩之情。我在收拾自己东西的时候，不知怎么突然想起我母亲今早打电话问我的一个问题，当时我没回答出来。

"珍妮特，亲爱的，别告诉我你又要去上那个博士的课！现在你难道不是什么都懂了么？已经2年了。还有多少没学的东西啊？"

还有很多，妈妈，很多。

2. 小公主

3周之后

关于如何塑造孩子角色的话题非常让人好奇，我们有着许多疑问。孩子是从什么时候开始扮演某个角色的呢？他是从什么时候开始成为"小恶霸""抱怨者""异想天开的人""学者""积极能干的专家""问题少年"的呢？

他是生来就这样吗？还是他在家庭中的位置（最大的孩

子、最小的孩子、独生子女）使他变成这样？他的身高或体重会不会对其自我认识产生影响？他的健康和智力状况以及外形吸引力又会起到何种作用？

孩子的同龄人呢？他们难道不会告诉孩子自己对他的看法吗？还有在孩子人生中发生过的那些事，都给他留下不可磨灭的印记，例如家人的逝去。

显然，有很多因素能够有力地影响孩子，这一切谁也控制不了。

但是，父母可以通过哪些方式塑造孩子的自我认识（或好或坏）呢？我们希望能再次讨论这个主题，进行更深地挖掘。

有位女士说，她发现很多父母的出发点很好，但却在开玩笑的时候破坏了孩子的自我认识。她说，她父亲就总是慈爱地逗她玩，他会叫她"懒骨头"，或者"笨手笨脚小姐"和"大嘴巴"。他总是说"这只是开个玩笑"。但在她听来却从不好笑。甚至现在，已经是成年人的她都无法忘记这些外号，有时仍然会认为自己是个懒惰、笨拙或者吵闹的人。

吉诺特博士沉重地点头："你有亲身体会，即使是开玩笑，给人贴标签也会给对方带来打击。"

大家静静地思考着。

"有时候，"另一位女士说，"一位母亲可能伤害孩子，即使她非常认真地想帮助孩子进步。她虔诚地相信，如果自己指出哪些地方做错了，孩子会进行改正。"她举了个自己的例子。她的儿子丢了夹克，她认为自己的责任是向孩子指出他不在意自己的东西，并且，她把孩子那一年丢过的所有东西列了出来——钥匙、笔记本、眼镜盒、钢笔。最后，她讲完这些的时候，她儿子盯着地板嘟囔道："我猜我是个失败者。"

她说，儿子的回答让她吃惊，她的本意是让孩子更负责任。可是却得到了相反的效果。

从那天开始，无论做什么他都坚持不下去，真的成了个"失败者"。

吉诺特博士点头同意："你的叙述很准确，告诉我们医生的'诊断'是怎样真的变成病人的'疾病'的。"

还有一位女士有一个想法："我想知道，父母有时是否会无意识地鼓励孩子扮演某种角色，而且，他们意识不到自己这样做过。我想起自己的两个朋友，其中之一总是抱怨她儿子在学校调皮捣蛋，他几乎每天都会在校长办公室呆上半天，但是，她却溺爱地称他为'我的儿子，小恐怖分子'。

"我另一个朋友总是抱怨她女儿太过勤奋，是个完美主义者。显然，如果自己做的什么事情达不到正确完美的境界，这个孩子就会很焦虑。但是，我注意到，孩子的母亲喜欢自豪地在女儿面前夸赞：'噢，你了解珍妮弗的，她从不满足。她做什么都很完美。'"

吉诺特博士再次点头。"你的设想可能是真的。这两个例子里，孩子们都可能听从了父母话中的隐含信息：'不要理会我的抱怨。继续当你的恐怖分子。继续做你的完美主义者。这才是妈妈希望看到的。'当一个孩子看起来正在扮演某个角色时，父母最好扪心自问：'我到底对孩子传达了什么样的信息？'"

李提出异议："7年前，苏西出生的时候，我觉得我应该问自己这个问题，但是我怀疑这样做没什么用。对我来说她就是个奇迹——在生了两个男孩后，她是我第一个女儿，她有着我没有的特点：金发、白皮肤、精致的外表。她让我感到震惊。

"现在，我也是事后才知道，过去我曾每天不停地给她传达语言和非语言形式的信息：你是无价之宝、小天使、小公主。

"吃过苦头之后，我才知道公主应该属于哪里——属于童话故事。因为在现实生活中，她很难相处。"

吉诺特博士笑了："你什么时候发现这孩子有着'皇家血统'的？"

"3周前，"李说，"听了内尔讲的肯尼斯的事情后，我回家想：'感谢上帝，我没有她那样的问题。在我家没有人扮演什么角色。'接着，苏西走进来，说：'给我梳头！马上！'"

"我看着她想：'她难道总是这么说话吗？'

"接下来的几天里，我注意观察她的举止，了解了大概。她要什么就会得到什么。首先她会发出命令，如果没有作用，就开始搞破坏、发脾气、抹眼泪。这孩子向每一个人索取——她哥哥、父亲、祖父母、朋友们——却不付出丝毫回报。噢，如果我们幸运的话，她会时不时给我们一个微笑。

"我恍然大悟，我的小公主是个被宠坏了的小淘气。让我最难接受的是，我的丈夫汉克几年来就一直提醒我这一点，但我从来不听。还有，每次汉克管女儿，我都会干涉。谁也不能欺负她！

"我开始心神不安。我在屋里乱转，小声练习准备对她说的话，比如：'孩子，你可能不知道，但是你称霸的日子已经结束了。''小可爱，你需要的是好好打一下屁股。'

"然后我的负罪感又来了。为什么要指责苏西呢？这不是她的错。是我把她变成小公主的，是我强迫别人顺着她来的。"

李做了个不在乎的手势："好吧，这些都是陈年旧事了。现在的问题是：我怎么能挽回这一切？怎么才能把一个小淘气变成一个正常人，一个受人尊敬的人？"

她的问题在空气中回响，我们神情茫然地互相注视，我们中的大多数仍然在试图消化"李也会遇到这样的困境"的事实——李，总是那么坚强、乐观，她和两个儿子相处得很好。但是，还是李，完全被一个小女孩打败了。我们希望赶快帮她想一个解决办法。

但是，李没有等大家回答就说："我的第一个冲动，就是变得强硬，对女儿严格要求，惩罚她、不让她享受。接着我想起来，吉诺特博士，你曾多次说过：'为了造就一个受人尊敬的人，你必须使用受人尊敬的方法。'

"这着实让我思考。我整天想着这件事——无论洗澡、在超市排队还是看牙医的时候。我甚至晚上做梦都会梦到它。终于，我想出一个两步走的计划：

"1. 我不会再允许自己被孩子牵着鼻子走。

"2. 我会寻找给苏西传达另一种信息的方法，让她对自己有不同的认识：苏西虽然不是什么公主，但她是个好人。"

李郑重地说："我的新计划已经付诸实施了，我希望自己做得对。目前为止，出现变化的只有我自己，苏西却没作出什么回应。"

"你怎么知道自己变了？"吉诺特博士问。

李举起一捆纸："恐怕回答这个问题得占用余下的课堂时间。"

吉诺特博士向她保证："请不要担心，尽管发言。"

李向前坐了坐："开始，我像一只随时准备扑向猎物的猫那样，一心想发现苏西有什么慷慨随和的举动，哪怕是一丁点，只要她表现出自己是为他人考虑的，我绝对会予以认可。但是，她没有给我机会，所以，我开始自己设计'圈套'……这听起来是不是挺疯狂？

"一天放学后，苏西在家里吃她的最后一盒饼干，我心想：'她总是这样，从来不给哥哥们留一点。'我趁她弯下腰

挠痒的时候夺过盒子，说：'亲爱的，你真体谅人。'

"她看起来迷惑不解。

"我接着说：'杰森和迈克一定会感谢你给他们留出了饼干。'她张了张嘴，但是什么也没说。

"'一比零！'我对自己说，'但是我什么时候才能完胜呢？必须想个更好的办法。接着，我有了主意。教会她更慷慨的办法是我自己变得更慷慨。我是说，为她做我平时不会做的事情——不是为孩子洗衣服、做饭、开车，孩子们认为父母这样做是理所应当的。于是，那天晚上，当苏西做算术作业的时候，我端给她一杯加冰块的樱桃汽水。'

"'你为什么这么做？'她惊奇地问。

"'我想，你也许需要一点饮料来提神。'我回答。

"当然，下面的事情也可能跟这件事完全没有联系：第二天下午，苏西的举动让我看到了一点希望。我在沙发上打盹，这时听到她对男孩们喊道：'你们两个大嗓门闭上嘴！你们难道没看见妈妈在睡觉吗？'

"虽然被吵醒了，但是，哈利路亚，她终于给了我借题发挥的机会！汉克回家后，我告诉他发生了什么——音量足够让苏西听到。我描述了自己如何打瞌睡，男孩们如何吵闹，苏西又是如何出现让他们安静下来，我才得以继续休息的。

"'她真体贴。'汉克说，音量也很高。

"当天晚上她就变得随和了。

"我刚才说的是比较轻松的事情，当我稍微打动了苏西之后，接下来的努力就是一段崎岖不平的上坡路。

"我很快发现，当得不到自己想要的东西时，苏西就开始胡说八道。她叫过我'傻瓜''吝啬鬼'，还说'你不是我亲妈'。有时，她会看准时机来上一句：'我再也不爱你了。'

"我几乎要投降了。你知道什么救了我吗？我的笔记本上的一句话：父母有时可以成为演员，而不是战士。我一直用这句话提醒自己。"

"这句话对你有什么意义？"吉诺特博士问。

"对我来说，它意味着：不要把你的精力浪费在感觉受伤害或者试图为自己辩护上面。要运用技巧帮助苏西改变……这个任务可不简单。首先，她需要学会如何与别人商量。她太习惯于要求和索取了，不知道还有别的达到目的的方式。我的责任是向她展示还有别的可能性。

"于是我开始行动了。当她在浴室里叫嚷'妈！你又忘了给我拿毛巾了！'时，我会喊回去：'苏西，我喜欢你这样说："妈妈，请你把毛巾拿给我好吗？"……我一直希望有一天她能学会。'

"还有一次，我不让她在没写完作业之前看电视，她说我'刻薄'，还说她恨我。

"我愤怒地回应她：'我不喜欢你这样说话！如果你因为什么事生气，可以这样告诉我："妈妈，那让我生气！今晚我想先看电视再做作业。"这样的话我会知道你的感觉，我们可以商量一个结果。'

"她再次说我'刻薄'的时候，我就不那么大度了。但是，我还是没有冒犯她。我花了两个小时和7美元为她购买学习用品：数学课用的三环硬皮本、拼写课用的双环软皮本，还有记作业用的螺旋本。买完东西，那个小坏蛋叫我'刻薄的女巫'，因为我没有带她多走一个街区的路到糖果贩售机那儿去。

"'小姐，让我告诉你关于你妈妈的一些事。当你说她刻薄的时候，会让她希望变得刻薄！'我怒气冲冲地说，换成别的孩子都会退避三舍，但是苏西不会。她开始和我玩花样，我直接打断她说：'我想听到你这样说：谢谢你，妈妈，你走了三家商店为我买齐了学习用品。谢谢你，妈妈，你给我多买了一盒蜡笔。谢谢你，妈妈，你耐心地等着我挑选自己喜欢的铅笔盒。'"

几个女士鼓起了掌。

"不要高兴得太早，"李自嘲地说，"我听上去很强硬，对吧？我似乎可以解决所有问题。但是，相信我，我曾经多次想要放弃，如果我丈夫不支持我的话，我早就放弃了，投降了。"

"你可以举个具体的例子吗？"吉诺特博士问。

李想了一会。"上星期六，"她说，"苏西想让一个朋友来我家过夜。我告诉她，我知道这对她来说很重要，我也希望能答应她，但是，因为晚上我公司的同事要来，所以我只能拒绝她的要求。"

"我认为自己是用非常和善的方式说出这一切，苏西却没领情，她非常生气，跺着脚喊道：'这个理由很愚蠢！你心里想的只有你的那个傻公司！'

"我快烦死了，差点就要投降了。我想说：'你愿意怎么样就怎样吧，你朋友想来就来，怎么都可以，让我清静清静就行。'但是，幸运的是，汉克也在场，他的态度很坚决。他说：'你妈妈说今天晚上不适合带朋友回来过夜。'

"苏西也没领汉克的情，她不习惯父亲违背她的意思。她发出一声刺耳的尖叫，跑回自己房间，一屁股坐到地板上，继续乱踢乱叫起来。

"突然，我有种不可遏制的冲动，想要把她从地板上揪起来，拽着她金色的长发卷儿，使劲地扇她一耳光。我对汉克

说：'我受不了这个声音，我要过去杀了她！'

"汉克拦住了我。

"那么，让她该死的朋友来过夜吧，'我咆哮道，'在她把整座房子拆了之前。'

"'我们也不要对她妥协，'汉克冷静地说。然后，他拿出一张纸，在上面打出下面的话：

亲爱的苏西：

我们听得出你有多么地难过。

尖叫不是表达你的抗议的适当方法。

当你做好谈话或者写信的准备时，妈妈和我非常愿意和你交流。

爸爸

"杰森把信送了过去，从那之后我们再没听她发出声音。杰森告诉我们，苏西问他信里的一些单词是什么意思，然后就上床睡觉了。

"我很失望，我曾希望那封信会让女儿来找我们好好谈一谈。也许我期望过高了。不过，还有积极的一面。我不确定自己能够解释，但是，和同事呆在一起的整个晚上，我觉得很自在，几乎有些骄傲。汉克和我的行为像成熟的父母一样。我们没有允许一个7岁的小孩子把我们拉到和她一个水平。"

吉诺特博士冷静地评价道："能够以一种不会破坏我们原则的方式处理棘手问题，是很让人满足的。李，我很少预言什么，但是，现在我可以告诉你，你最终会看到变化的。这种方法对所有孩子都奏效。恩威并施有着强大的力量。"

"希望你是对的，"李说，"有时，我非常气馁，虽然昨天确实发生了点什么，让我觉得事情似乎已经有所突破。"

好几个人问道："发生了什么？"

"我父亲来了，"李解释道，"他给苏西带了件礼物，她撕开包装盒，脸色变得很难看，'是个小号的破烂娃娃，'她责怪地说，'我想要大号的！'

"我父亲脸变白了。'亲爱的，'他说，'你难道认为外公没找过吗？我跑遍了每家商店，最后只得特别订购一个。我让他们为我的外孙女做一个最大号的破烂娃娃。这个娃娃送来的时候就是这么大的。'

"苏西把盒子推到一边。'我不要这个。我需要大的。'

"我本来想说：'爸爸，她不理解。她只是个孩子，一会就忘了。'你看，我总是不失时机地出现，为她的坏举止道歉。这一次，我站起来，拉着苏西的手对我父亲说：'她外公，我们得离开一会儿。'

"我把她拉到自己卧室，关上门。我慢慢地说：'苏西，当有人克服了困难为你买来礼物时，你应该谢谢他并且收下礼物。'

"'可是他买的号不对。'她哀叫道。

"'我知道，'我说，'你想要一样东西，可是得到了另一样。'

"苏西含着眼泪点点头。

"'遇到这种情况，'我说，'最好是先等送你礼物的人回家之后，你再告诉家人或者朋友你有多么失望……你知道为什么吗？'

"苏西迟疑道：'因为这样做你就不会伤害那个人的感情？'

"'非常对。'我说，接着我等待她的反应。

"'你觉得外公的感情被伤害了吗？'她问。

"'你认为呢？'我回答。

"她耸耸肩,'好吧,我不在乎!'

"'我在乎,我觉得外公需要别人安慰一下。'

"'你去安慰他。'

"'好吧,我会的,'我说,'但是,你也得好好想想。'

"我回去找我父亲,过了几分钟,苏西进来了,她端着一杯加了冰块的樱桃汽水。

"她把汽水递给外公。他立刻把汽水还给她,'不,亲爱的,你喝吧!'他说。

"我想制止他,因为我的宝贝女儿生平头一次表现得像个正常人,而我父亲这样做又会让她变回公主。

"我紧张不安地看她会怎么反应。她犹豫了一会,然后又把杯子递给外公,说:'不,外公,这是我为你倒的。我想你也许需要一点饮料来提神。'……好吧,我承认自己几乎是心花怒放了,我的感觉是:她一定能做到的,她会成为受人尊敬的人的!"

听着李的讲述,我们都非常的高兴,有很多人开始祝贺她,但她示意我们停下来。

"听着,我不希望哄骗自己,我知道这只是开始的开始,我花了7年时间把她变成一位公主,或许还要7年才能把她变回去。不过,我会坚持下去的。"

李若有所思地说:"你知道,我窗台上曾经有一盆小植物,我一直搞不懂它为什么是歪的。最后,我终于恍然大悟,它的其中一面总是见不到阳光,所以我一点点地转动花盆,逐渐地,整棵植物开始笔直地长起来。"

"这也是我最近对孩子的看法——他们就像小植物,如果你不停地转动花盆,让它充分接受阳光,它就会长得很直,孩子也是这样。"

吉诺特博士看上去像在思考，"如果转动花盆还不够的话，"他说，"我们就转动太阳。"

3. 爱抱怨的孩子

我为什么不能为他转动太阳

我走出教室，心中又羡慕又嫉妒。大街上，女学员们分成好几组——聊天争论、谈笑风生。我故意慢慢走在后面，不想再说话。

我想，"我为什么不能那样帮助安迪呢？为什么不能把他从哀号、抱怨和无尽的自我怜悯中解放出来？为什么不能为他转动太阳？"

我一般刻意不去想起安迪的事，只是告诉自己他正在经历某个阶段。现在，我集中了全部脑力来考虑这个问题：为什么一个快乐、外向的孩子会变得孤僻和悲哀？

我考虑了每一种可能性。是不是安迪在学校的第一年里过得比我意识到的要艰难？他那时经常喉咙疼、耳朵也疼，需要使用抗生素并量体温。因为身体原因，没有时间交朋友。这些会不会影响了他的性格发展？

我想知道是不是自己的行为影响到他，也许那一年我太娇惯他了。但是，当他孤独寂寞，希望有人陪伴或者生气需要劝解的时候，我是否又对他置之不理？

安迪的父亲可能也对此有不可推卸的责任。他最近总是吹毛求疵，不是我批评他，什么人能日复一日地忍受自己儿子的不停抱怨而不感到厌烦的？（"谁拿了我的鞋？……我饿了……又破了……我做不了……还没轮到我……他的比我的大……你老是不带着我。"）

　　我是多么希望父子俩像以前一样和睦相处啊！孩子不能一直在责怪中长大。我想起昨晚的事情。安迪等了一天，希望给他父亲看自己最近的小发明，泰德也确实努力去欣赏儿子的作品，他热切地说："我们来看看你发明了什么！"接着，熟悉的、厌烦的表情又爬上了泰德的脸："看看你！你的新毛衣上全是胶水，我甚至还没给这件毛衣付钱呢！你难道不能在发明东西的同时别弄脏衣服吗？哪怕一次也不行？"安迪难过极了。

　　大卫也没帮上忙，当然，我怎么能指望一个11岁的小孩呢？尤其是当他看到年龄也不小了的弟弟仍然被妈妈娇惯溺爱的时候。我猜，这也是大卫只要有机会就嘲笑安迪的原因。

　　好吧，任何人都没有错。只不过是各种条件恰好凑在一起而已。但是，为什么要发生在我们身上？

　　海伦的声音打断了我绝望的思索，"珍，你真应该看看自己的表情！怎么了？"

　　我试着笑了一下，但无法将笑脸保持下去。眼泪在一瞬间夺眶而出，"海伦，我担心安迪。我觉得他不像那些同龄的男孩，他太不成熟了。我是说，一个孩子8岁的时候，他应该能在一定程度上忍受不顺心的事情，不是吗？安迪什么事都受不了——无论是大事还是鸡毛蒜皮的琐事——而且习以为常。铅笔断了、手指头划了、猫死了——他都受不了。你知道吧，你见过他的，大部分时候他都表现得像个无助、又哭又闹的小婴儿。"

　　海伦停住脚步。"等等，"她慢慢地说，"我想我是理解你说的。我知道安迪比较敏感——容易不高兴。但是，他并不完全是这样。每当想起安迪，我的眼前就会出现一个勇敢、想象力丰富的男孩，他不仅能学习别人，还会自己创造，他有自己的想法。"

我不明白她在说什么。"你是指他的那些小发明？"

"小？"海伦义愤填膺，"我认为那些东西虽然体积小，但是精神本质上一点也不小！安迪的生活就是每个艺术家的生活——勇敢面对困难、抓住机会探索未知事物。"

"海伦，你真好，我感激你，但是……"

"我不是装好人，"海伦反驳，"我在客观地评价安迪，从一个艺术家的角度看。我告诉你，要想创作那么精细的作品，需要精神高度集中、耐心和成熟。"

"安迪，成熟？"这真是个惊人的看法。

海伦接着说，"抱怨是暂时的。也许这是他自己的方式，为了让你知道有什么事在困扰他……可是，珍，他的作品才是他真实的自我。"

就在大街上，我拥抱了她。

"这是为了什么？"她问。

"你知道。"

如果再多说一个字，我都会哭出来的。

那天晚上我和泰德谈了谈。我锁上卧室门，告诉他所有的事——关于内尔、李的事、"角色"的定义和转变——怎样通过改变你对孩子的看法来帮助孩子改变。然后我告诉他海伦对安迪的看法，还有她的话对我来说有何意义。

泰德无动于衷地听着。我越来越紧张，我想让他分享我的新认识。我解释说，也许我对安迪的看法才是最大的问题，直到我不再把他视为一个不成熟、需要保护的孩子，安迪才会对自己有新的认识。接着我谈起我决心对他另眼看待。

接下来我要说的有些难以表述，我不知道怎样才能巧妙地表达出来。我告诉泰德自己需要他的帮助。我让他不要对安迪那么严厉，因为这让我难受。就算他只说一句严厉的话，我也会冲过去保护我"可怜的宝贝"，帮他对抗"残暴"的父亲。

我似乎揭开了已经化脓的伤口，泰德委屈地说起他对我的不满。他说，我总是把他塑造成一个粗暴、强硬的男人形象，是我在他和儿子之间挖了一条鸿沟。

我吃惊不小。我不知道泰德有这种感觉，我甚至不希望再去细想。我迅速发誓再也不会发生这样的事，从今以后我会有所不同。然后，我恳求泰德，希望他也改变。我提起安迪毛衣上沾了胶水那件事，说："安迪非常想得到你的赞赏，他承受不了你的挖苦。如果他做错了什么，给他指明方向就好，比如，'当你用胶水的时候，可以穿旧衣服。'你看，他会有所反应的……好了，如果你参加吉诺特博士的父亲学习小组的话，就会明白我的意思了。泰德，你有兴趣参加吗？"

泰德突然变得情绪低落："不，我不会感兴趣的，"他咬牙切齿地说，"我明白你说的，为了安迪我会努力的，因为我希望这样。但是，得按照我自己的方式来。你别教我说话。如果我说了什么不合你意的话，我可不想改过来。你也别评价我！"

有人重重地敲门。吉尔的声音传来："你们在干什么？怎么一晚上都呆在那里。我想让爸爸帮我做作业。"

泰德走了出去。

我突然觉得筋疲力尽。睁开眼睛时，已经是早晨了。我意识到自己一定是和衣睡着了。

改变、许多改变——有些是戏剧性的、有些是难以觉察的——真是混乱的一天。接下来的6个月，我把看上去对自己重要的每件事、每个想法都记了下来。

安迪的新角色

同一天

我迫不及待要找到安迪，我要赞美他过去被忽视的优点——他的想象力、冒险精神、持之以恒还有成熟。

安迪终于走出房间，睡裤快要掉下来，流着鼻涕，呜咽道："我今天不上学了。"我摸摸他的前额，不热。过去，只要他流鼻涕了，就可以自动得到允许，不去上学。

今天不能这样。今天是个新的开始。从今以后，他不能认为自己是个病恹恹的孩子。我说："你没发烧，亲爱的。你想在穿好上学的衣服之前还是之后吃早饭？"

安迪不相信地看着我。然后说："我先穿衣服。"

现在轮到我不相信了。他真的准备去上学了。

同一天

安迪放学回到家，拿回一张少年联盟的申请表。难道今早的事情让他有了转变吗？太神奇了！但是，他以前从没玩过任何球类，而且比赛竞争非常残酷，我还听说有些教练非常粗暴。

他不必非要自找麻烦……我又开始这样想。我必须斩断这些想法，否则他会从我眼神中看出来的。

安迪：你认为我应该参加少年联盟吗？

我：（我来简单解释一下，他的意思是："你觉得我有能力参加吗？"）那么，你在考虑今年参加少年联盟吗？

安迪：是的，但是，如果你丢了球，教练会大声吼你，别的小孩也会取笑你。

我：这挺让人丧气。可是你知道吗，安迪？我认为，无论
　　他们怎么表现，你都能受得了。

安迪：是的。好吧，也许我明年参加。我不是那么善于
　　　抢球。

看来，这件事只是个"实验气球"，不过至少他在考虑了。
也许进行一点练习、得到一些鼓励之后，他今年就会参加的。
泰德刚进门，我就抓住了他。

我：（试着表现得不那么歇斯底里）"安迪刚才在说少年
　　联盟的事！你得带他出去，教给他怎样投球，我们只
　　有一个月的时间把他武装起来！"

星期天

泰德准备带安迪到公园训练。他们俩兴致高昂地走了。我
希望一切顺利。

两小时后，他们回来了，都没说话。安迪直接回到自己房
间，使劲关上门。泰德看着我，一副"都是你出的好主意"的
表情。他给我描述了整个"灾难"的经过。

泰德："你儿子唯一想做的就是在公园喂鸭子和捡石头。
我像个傻瓜似地跟着他到处转悠，想引起他练习的兴趣。我们
离开的5分钟前，他给了我很大的面子，让我朝他扔球。

　　"你知道吗，那孩子的手指头像意大利面条一样脆弱……
听着，别再给我布置任务了。"

现在，他们两个互相生对方的气，也生我的气。泰德是对
的，我不应该逼他和安迪参加什么活动。无论他给儿子做什么
事，都得是自愿的。

我真希望自己不要那么紧张。

次日

我意识到星期天的失败不关安迪的事，他一直谈论着"公园"，问我们下雨的时候鸭子会去哪里、如果人们不给带食物，它们吃什么、还有我是不是注意到了石头湿了之后会变颜色。

我被他的好奇心打动了。我说："你可以对这个世界提出那么多的问题，我敢打赌，像伽利略和达芬奇那样的人小的时候，会有和你一样的科学家一般的好奇心……安迪，你应该把想法写在笔记本上。"

"我该写些什么呢？"他问。

"噢，可以记下你的问题。也许是你想知道的东西。我觉得，当你打开笔记本的时候，一定知道写什么。"

两周后

安迪的本子里，写了满满12页的观察笔记。他还给笔记本起了名字——"我的个人思想史"。其中我最喜欢的内容是他画了一幅自己手的轮廓图，下面写着："一只手就像一座岛，每根手指都是一个半岛。"

一周后

今天，安迪和我去买冬天的外套。他穿的号没剩几件了。

在我们去的第三家商店，安迪突然发起脾气，他不停地使劲哭，人们停下脚步看着他。

我安慰他，没有用。

我让他听话，他哭得更厉害了。

我放弃了。我们回家吧。

回家的路上，我们走进一家小吃店休息。安迪狼吞虎咽吃完他的食物，接着，我亲眼见证了他的转变：刚才那个哭哭啼啼的婴儿变成了友善的8岁小孩。"我们再试试另一家商店吧。"他说。

结论：当孩子身体感受到饥饿和疲劳时，你应该让他休息，这时给他一块麦芽糖胜过千言万语。

一个月后

安迪的抱怨一如往常。甚至他对情况满意的时候，也要用哀怨的方式表达自己的感觉。

家人也没给他帮上忙。吉尔和大卫喜欢模仿安迪："哇——哇——哇。"他从我和泰德这里听到最多的话就是："别哭了""你又抱怨了""难道无论什么鸡毛蒜皮的事情都会把你弄哭吗？"

我担心这样做只会让我们想要摆脱的旧习惯根深蒂固。我认为是时候主动出击了，安迪需要的是一些有技巧的鼓励。

次日

我在兴奋地准备晚餐，安迪溜达进来，他颤声说话，像只濒死的小羊："我饿……了……我饿……了。"

我说："安迪，当你饿了又等不及晚饭做好时，你可以告诉我：'妈妈，我要吃一块抹黄油的面包，'或者'妈妈，我想吃根胡萝卜。或者最好这样——直接去拿食物就成！'"（我这么说比"你又抱怨了！"进步多了。）

两天后

今天，安迪愁眉苦脸地找到我，他委屈地说自己的活页纸好几天前就用完了，而我总是说会给他买，但是从来没做。所以当他在学校里需要活页纸时，没人借给他，所以我现在就得领他去商店。

我：安迪，我知道你需要活页纸，我准备给你买，但是……

安迪：（生气地）但是什么？

我：我不喜欢你说话的方式。你让我觉得似乎有一根钉子在黑板上划，我猜我喜欢你的另一种说话方式，你知道的，就是你那种深沉、愉快、男子汉一样的声音。

安迪：（他的声音低了八度）你的意思是，我像这样说话？

我：是的！你说得对！

安迪：（认真地看着我，然后使劲拉着我的上衣，模仿着自己平时那种抱怨的样子）妈——，你什么时候给我买活页纸？我想要活页纸。

我：（做出恐惧的样子，双手捂着耳朵）啊！

安迪：（笑起来。声音又变低了。）妈妈，我认为今天很适合买活页纸。

我：你把我说服了。

那天，当安迪躺在床上时，我听到他自言自语。他在同时练习那两种音调！

两天后

同样的抱怨。不同的剧情。

安迪：你得给我买书套。老师说如果我们的书没有书套，就要得零分。我不想得零分。你昨天说过要带我去买的，可是没做到。

他表现得很讨人厌，我不得不尽量克制自己不要发作。我举起手。

我：安迪！请你用另一种方式和我说话！

他没理会我的要求，反而开始埋怨我给大卫和吉尔买书套却不给他买。

我：（坚定而缓慢地）安迪，你妈妈真是铁石心肠。

安迪：（看上去迷惑不解）

我：现在的问题是想一个办法融化她的心。（我离开房间。5分钟后，安迪敲我的卧室门）

我：请进。

安迪：（开门见山、一本正经地）妈妈，我需要书套，你能给我买一些吗？

我：（高兴地）年轻人，我的心融化了。

我们走吧。

在车里，我欢欣鼓舞地想："确实开始起作用了。"

次日

我搞砸了每一件事。从商店的"一月大减价"现场回来，我买了6条浴巾、4条被单，双腿酸软，头疼不已。

安迪：（哀怨地）你去哪了？你说4点回家的。我饿了，没有东西吃。你给我买什么东西了吗？你给我买了什么？

我是像下面这样回答的吗：

"噢，你想知道我去哪了？你以为我会4点回家？

"听起来你似乎因为找不到吃的而很难过。

"噢，你希望我给你买东西，对吗？"

不，我没有。

实际上，我尖叫起来："闭嘴！闭嘴！闭嘴！你的声音把我弄疯了！"

前进了两步，后退了一步。我希望他像我一直告诉他的那样坚强。

一周之后

又是那个声音！这次，安迪是跟我要钱，邮购一种只有在费城的一家商店里才能买到的特殊的气泵。看到他这么有求知欲，我很高兴，很想认真听听他怎么说，但是那种哀怨的语调让我疯狂，我差点又要高叫"闭嘴！"了。必须得给他改改。

我打断了他的长篇演讲。

> 我：安迪，你把要说的写下来，如果看你写出来的话，我
> 　　能更好地集中注意力。

他不喜欢这样。

> 安迪：写下来！你觉得我的嘴是干什么用的？你听着就可
> 　　　以了！我需要一个喷气气泵，还有……
> 我：请写下来，我看到纸上的字可以更清楚地明白你的意
> 　　思。我想知道你到底想要什么、你的理由，还要大致
> 　　计算一下成本。

安迪生气地跺着脚走回房间，不过在上床睡觉之前，他给我一张纸，上面写着：

> 亲爱的妈妈：
> 　　我在发明一种新型火箭。我需要的部件是一个喷

气气泵，它价值1.25美元，我还需要一只燃油漏斗，
它价值75美分。我会把钱还给你的。

爱你的　安迪

那天晚上，安迪睡着之后，我把一张字条放在他的穿衣
柜上。

亲爱的火箭工程师：

你的支出预算非常清晰，它让我明白了你的需要。

我给你附上了两美元满足你的需求。

祝火箭发射成功！

爱你的　妈妈

两天后

对我来说，安迪的事占用了我所有心思。每天睁开眼，直
到晚上睡着，我都在想着他。

无怪乎吉尔说："你再也不注意我了。"也怪不得大卫这
些天的恶劣表现、泰德每天晚上都埋头看报纸。我现在只扮演
一个角色：安迪的妈妈。

我的生活失去了平衡，我应该花更多时间陪吉尔，我应该
和大卫去买新自行车锁，他一直想让我去看。

但是，首当其冲的是，我应该多注意泰德和我的关系。有
人说过，孩子会让夫妇俩走得更近，这话真的不对。对我来
说，成为父母之后会破坏夫妻关系。今晚我要和泰德单独吃晚
餐——鸡和蘑菇，配着红酒。我好几个月没这么做了，因为安
迪不喜欢。

我准备接受泰德今年的"校友舞会"邀请。我会帮他洗好
燕尾礼服，给自己买一套新晚礼服。为什么不呢？除了安迪，

还有别的生活！

一周之后

我仍然吃惊于今天下午听到的内容。我走进厨房，发现安迪在一只烤焦的奶酪三明治旁边哭。

> 安迪：（哀怨地）我把它烧糊了，我把它烧糊了。
> 我：（浑身发抖）安迪！你又出那种声音了！我生气了！
> 只要这样说就行："噢，我的三明治糊了！我得另做一个。"
> 安迪：（盯着烧焦的三明治，然后低声细语地说）可是，如果我那样说，你就不会可怜我了。

"噢，天哪！"我想，"他说他想让我可怜他！"我不知道怎么回答，所以什么都没说。但是，整整一天我都无法忘掉这句话。

这是他对自己的看法吗——一个毫无价值的人，需要我的怜悯？……对一个孩子来说这是怎样一种可怕的负担啊：认为自己只有通过装可怜才能得到爱。

也许他觉得这样会让我高兴——满足我的需要。

那些是我的需要吗？我不认为是。我有过这样的想法吗？也许有一点……好吧，我再也不会这样想了，安迪。如果以前发生过，那么再也不会有了。

三天之后

我内心深处的什么东西改变了。我从自己的声音中能听出，我不再歇斯底里了，也不再那么需要扮演慷慨的大地母亲或者万能的"立刻让你舒心满意"的女神角色了。

不是因为安迪的行为再没有唤起我过去的感受，而是我的反应变了。我甚至不去想应该说什么或者怎么说。我的话语发自内心，现在我知道儿子需要感觉到他自己的力量、体验他的力量——而不是我的。我看着安迪，希望他能做到。我期待着那一天。

孩子需要朋友

一周之后

今天偶遇海伦，我把这两个月安迪的情况全告诉了她。和她谈话真是一种享受！我甚至因为得到她的认可而欣喜不已。然后，她问我安迪今年是否认识了新朋友。我解释说，我家附近的男孩子们早就不理睬他了，而他班上的孩子，根据安迪的说法，都是些笨蛋。

"孩子需要朋友，"海伦说。

我进一步解释起来——告诉她安迪在家里摆弄自己的收藏品和发明就可以很满足。

海伦重复道："他需要朋友。你无法做他的朋友。"

我生气了："是吗？我还要给他找个朋友？"

"不是，你需要把他放到一个能够交到朋友的环境里。"

"怎么做？"

"征求他老师的意见，"海伦说。"这可以作为第一步。"

突然，我有点后悔告诉海伦这么多事情。海伦是个了不起的人，但有时她也挺专横。

当天下午

好吧。我去见见老师。

我猜安迪确实需要和其他孩子多联系。我觉得老师那里一定有很多前来寻求帮助的母亲。实际上，安迪有能力交朋友，他只是需要人帮助他迈出第一步而已。

次日

我和米勒夫人会面，没有让安迪知道。她是个年轻、热情的老师，热心帮助别人，很有主意。她建议：

1. 找一个男孩和安迪一起制作班级海报。

2. 让安迪管理"科学角"。

3. 让安迪自己选择"助手"，帮他清理仓鼠笼子、给乌龟换水。

4. 把全班分成几个小组，带他们出去参加课外活动。

然后，她给我几个男孩的名字和电话号码，她觉得这几个孩子可能会和安迪交朋友。她建议我带他们参加一些集体活动。

回家的路上，我想："非保龄球莫属！在各种运动中，安迪最不讨厌打保龄球。"

次日

安迪对集体打保龄这个活动并不热情，"为什么我们不能单独去？"他说，"只是你和我。"

我嘟囔了些关于"俱乐部"的话，"俱乐部"这个词让他兴奋起来："我们要组建一个保龄球俱乐部！"他喊道，"我们每星期都会见面。"

那就组建一个俱乐部！我开始打电话。所有孩子都很感兴趣，星期四大家都有空。安迪准备了一份购物清单，明天我们去买苏打汽水和饼干，为保龄球俱乐部的第一次聚会作准备。我们的计划正式上道了。

星期四

一次惨败。

精心挑选的饼干扔得满屋都是，汽水喷到天花板上，男孩们太调皮了，但也很友善——不过他们只和自己人玩。在自己家里，安迪竟然也被他们排除在外，他讨厌保龄球这个主意，再也不想组建什么俱乐部了。我又尝试了一次，但没有用。

俱乐部解散。

星期五

每个下午都呆在家里，对安迪没有好处。他要么坐在电视前，像个僵尸一样死气沉沉，要么像只小狗似地跟着我走来走去，要么和大卫打架。

他需要离开家和同龄小孩在一起！我的声音听上去像一张播放中的残破唱片："安迪，你今天为什么不邀请什么人过来呢？""你肯定愿意和你们班里的某个同学玩。""下午的时候，孩子们都需要朋友。"

安迪愤然提出反对。

我开始更加注意技巧："有些喜欢发明东西的孩子如果能见到你，他们会觉得自己很幸运。"

还是没效果。我知道是什么原因让他退缩，是我的热情。他感觉得出是我希望他这么做，所以他自己反倒不情愿。

怎么做才能把他从家里哄出去呢？

三天后

我知道怎么做。我准备出门。新缝纫机买来一年了，我却一直不知道如何穿针引线。

我找到一家在下午举办缝纫课程的辅导班，告诉安迪，因为我每个星期二下午有一个小时不在家，所以他应该有其他安排。

安迪看上去不知所措。我故意去收拾洗好的衣服，这样忙碌起来就不会那么注意安迪的惊慌反应。他看了我一会儿，我正在有条不紊地叠着泰德的手绢。然后安迪提出："好吧，老师说放学后我得留下和傻瓜吉姆·普朗克特做海报，所以我会告诉老师我想在星期二做这个。"

上帝保佑米勒夫人！还是她有办法。

一周后

克雷格打来电话。他是上次那个保龄球俱乐部的成员之一，想让安迪去他家玩。安迪不愿意，所以克雷格来我家了。

开始的时候两个人都不自在。克雷格问："你想干点什么？"安迪回答："我不知道，你想干什么？"过了一小会，我看见他们在车库里闲逛，最后，他们找到泰德以前的旧耙子，把外面的树叶堆起来。我看着他们在树叶堆旁边挖洞，就像小金花鼠似的。有一阵子两个人都没有动静，突然间，一片红色和金色的落叶在半空中扬起，两个孩子跳了起来——叫着、笑着、朝天上和对方身上扔着树叶。

然后他们回到屋里喝热巧克力，兴奋地聊着天。克雷格谈起他的宠物蛇，安迪说他的沙鼠生了小宝宝。

那天晚上，克雷格走后，我看到安迪恢复了从前的样子——快活、友好、外向。他的好心情持续到很晚，甚至主动要求把自己的新钢笔借给大卫。

次日

克雷格又打来电话。这次安迪同意到他家去。一年中他第一次到朋友家拜访！这一周里发生了那么多"第一次"。

安迪回家时兴高采烈。

一个月后

安迪和克雷格的友谊继续发展。虽然缓慢，但是在发展。安迪又在星期六去克雷格家玩，克雷格家里还有一个朋友，两个人结成一伙，朝着安迪扔沙子，安迪惊恐地跑回家，头上、眼睛里、嘴里全是沙子。

安迪一边哭，一边讲述了经过。泰德走进来，看到他在哭，就说："你什么时候能像正常人一样说话？你难道必须表现得像个该死的婴儿那样吗？"

安迪看着我，似乎被人揍了一样。他把脸埋在我肚子上，闷声闷气地说："如果我长大了，我要当妈妈。"

那一刻，如果我手里拿着东西，我一定会把它扔到泰德身上。我转向安迪，把他领到浴室，帮他洗干净。

接着我朝泰德发作了。我再也忍不了了。我告诉他安迪今天的经历，提醒他我是多么辛苦地帮着这孩子树立他的自尊。我咆哮道："然后，你出现了，像一只在瓷器店里横冲直撞的公牛，就知道砸！砸！砸！难道你看不见自己造成了什么样的破坏吗？你不在乎吗？他也是你儿子，不对吗？"

泰德冷漠地看着我。"我也想知道，"他回答。"有时我不那么肯定他是。"他转过身去，走掉了。

安迪和他父亲

当晚

我躺在床上，头部隐隐作痛，脑子里一遍遍回想着整件事。一个男孩说自己想成为妈妈，这是多么让人震惊的事。我知道他不是真的这个意思，但泰德的回答，说安迪不是他儿子，又有什么弦外之音？难道他觉得我占用安迪时间太多了，侵犯了他的权利？

不是真的！我非常小心地努力帮助他们父子搞好关系，是我那天让他们去公园的。

我的想法提醒了自己：是我那天让他们去公园的，这不是泰德的主意。但是我总不能指望他先行一步。他每天都疲累不堪地回家，根本没有精力。他跟安迪的唯一互动就是朝儿子吼叫。如果我来负责帮助安迪，这对大家都好……我猜，泰德和安迪在一起时，我真的觉得不自在。

我的头开始抽痛，躺在黑暗、安静的房间里，疼痛缓慢袭来。我对他们俩的做法不公正。我一直在以各种方式向安迪传达一个信息，就是他需要父亲的保护！

真是讽刺。我能相信泰德，选择与他共度人生，而他也从未令我失望，但我却不能信任地把他自己的儿子交给他。

突然，我觉得泰德的急脾气以及对我的无动于衷都不再重要了，他作为一个有魅力、有活力、有原则的父亲，能够给予安迪的东西，是我永远也给不了的。

从父亲那里，安迪可以学到怎样成为男人。

次日早晨星期天

我没有告诉泰德自己的新方案。他太了解我了，一定能看出端倪。

早饭后，我们一起听着音乐享受咖啡，这时安迪敲着一只锡罐走进来，泰德严厉地责备了他，安迪看着我，那表情像是在说："他又对我刻薄了。"换做过去，我会用"这孩子做了什么可怕的事了吗？"的眼神看着泰德。可这次我只是说："你听到爸爸怎么说了，亲爱的，我们现在想听音乐，需要安静。"

安迪和泰德同时看着我，似乎在问"到底是怎么回事？"我微笑着面对他们。

当天下午

泰德朝安迪大发脾气，因为儿子没打招呼就借走了他的锤子，安迪跑到我身边，搂着我哭道："爸爸太吝啬了！"

若是平常，我会温柔地安慰他。这次，我当着泰德的面对儿子说："我猜爸爸只是非常希望别人借他的东西以前先征求他的同意。"

当天晚上

安迪来找我，家庭作业遇到了困难。他说弄不懂分数的概念，我让他去咨询数学专家——他父亲。

他们一起忙乎了10分钟，泰德开始变得没有耐心，安迪也泄气了。"我学得太慢了，"他哀叹，"我总是最后一个才明白的。"

"安迪，"泰德说，"我不希望你老是想着学得快慢的问题，一个人可能需要半个小时掌握分数，另一个人也许需要一个星期。但是当他们都学会了之后，他们知道的东西是一样多的。"

安迪打起精神继续学习。

我想："这样的父亲还用我担心吗？"

一个月后

我的确做到了不干预安迪和泰德之间的事情。也许纯粹出于巧合，但我注意到泰德似乎对安迪越来越投入。他偶尔会送安迪上床睡觉，和他谈论火箭和引擎的话题。上星期，他们甚至去公园捡了一个小时的石头。虽然他们还没有做到完全轻松地相处，但已经好多了，似乎已经达到一种自然而然的平衡。

两周之后

这不公平。虽然并不缺少爱，但是我看到的事实是，即使是和善、得体、慈爱的父母，也会伤害自己的孩子。我希望泰德了解一些基本的技巧，他却不当回事，甚至对技巧越来越抵触，昨天晚上，他引发了一场战争。

晚饭时，安迪端起一碗土豆泥，用勺子往自己盘子里舀了半碗。

泰德：把它舀回去。

安迪：（抓着盘子）不。上次我才得到很少一点儿。

泰德：我说了，舀回去！

安迪：你不能命令我。

泰德：（站起来，把安迪从座位上拖起来）你的晚餐结束了。

安迪叫泰德"大毒贩子"，泰德扇了他一巴掌，安迪踢他的小腿还击，泰德又打他，这次更使劲，把安迪推进他自己房间。吉尔和大卫坐在那里评论着这件事。

泰德回到桌旁，我们艰难地吞咽着剩下的晚饭。终于，孩子们吃完点心离开了。就剩我们两个人。

泰德：我知道你想什么，这场矛盾可以避免的。

我热切地希望明天早晨我们都会完全忘记发生了什么。可是，我和他争论起来，我们之间也有足够的问题。

我：好吧，事情发生了，主要的错不在安迪。

泰德：我假设自己应该这样对安迪说："儿子，你想吃多
　　　少就吃多少，不要管其他人。"

我：你知道这样说不会有帮助。需要有人制止他。

泰德：对！所以我让他舀回去。

我：（平静地）你命令他了。当你命令孩子时，他会想反
　　　抗你。

泰德：噢，我知道了。我再也不能告诉自己的儿子应该做
　　　什么了。好吧，老师，我应该怎么办？

我：（惭愧地）我也不完全知道。

泰德：（尖刻地）别跟我开玩笑了，我问你，应该怎么办。

我：（被触怒了）首先，你应该描述问题。比如，这样说，
　　　"安迪，土豆泥是分给五个人吃的。"这就给安迪一
　　　个机会，让他告诉自己舀一些回去……或者，你可以
　　　表达你的感觉，比如："我不喜欢看到有人拿走了半
　　　碗土豆泥，在我们家，大家应该分享。"……或者，
　　　你让他选择，比如："安迪，你拿得太多了。你可以
　　　把其中一些放回碗里或者盛到我盘子里，你自己决
　　　定。"其实还有很多办法你可以用来避免这场闹剧，
　　　只不过我还没想出来罢了。

泰德：（十分讽刺地）和一位专家生活在一起，我真是太
　　　幸运了。她总会及时出现，评判我的行为，告诉
　　　我怎么做才更好。

我：（大声喊）你逼得我没有选择！我不想成为专家！不
　　　过，我是参加了那个课程，我已经学到了一些技巧，
　　　我没法忘掉它们或者假装不知道——我很失望！你让
　　　我觉得自己似乎把你排除在外，我没有，你也可以去

参加！

漫长的、沉闷的沉默。我没精打采地把盘子收到一只托盘里，向水池走去。泰德嘟囔着什么。

我：你说什么？

泰德：我问你，父亲小组什么时候上课。

我：（惊喜地）星期四……我没想到你会……谢谢你。

星期四

泰德今晚要去上课了，我交叉手指祈求好运。

过后

泰德走进来，似乎故意作出一副态度不明朗的样子。

我：（没法控制自己）怎么样？你怎么想的？你告诉大家你是我丈夫了吗？

泰德：我当然说了。我告诉吉诺特博士，我一直期待和那个帮我养大我的孩子们的男人见面。

我：你不会真的这么说吧！

泰德：我说了，他笑起来……你知道，你从没告诉我他的工作范围不仅包括孩子，他还教授人际沟通方面的课程，适用于各种人际关系——商业、朋友、亲戚甚至国际关系。只有一种人他教不了。

我：什么人？

泰德：（眼睛闪着光）那些已经成为专家的妻子。

我：（用拳头打他）你和你的毒舌头啊！

泰德：嗨！听听这个——"给人贴标签就是打击对方。"

我：嗯。没想到咱们家又出现一位专家。

第二天早晨

泰德走进来吃早饭时，被安迪放在厨房地板中央的运动鞋绊了一下，我以为他会像往常那样说："安迪，你非得这么邋遢吗？把你的鞋放回去！"

然而，我却听到这样的话："安迪，你的运动鞋在地板上。"安迪茫然地盯着泰德。泰德重复道："你的运动鞋在地板上。"安迪回答："噢，好的，我会把它们放好的。"

我不知道是应该高兴还是生气。两年了，我一直叮嘱泰德，应该描述事实，而不是指责孩子，他一直无视我。可他只和吉诺特博士呆了一个晚上，就做到了，还做得如此自然。

一个月后

啊哈！我就知道没有那么容易。我见证了泰德磕磕碰碰的尝试过程。比如，今天他听见安迪控诉吉尔吃掉了所有樱桃。他开始是这么说的："算了吧，为了几个樱桃不值得小题大做。"但是，话说到一半，他又改口了：

"安迪，我理解你为什么不高兴。你打开冰箱，很想吃樱桃，可发现只剩下了一些樱桃蒂。那么，我们该怎么做才能保证家里的每一个人都得到平等的分享呢？"

还有一次，安迪哭起来，因为商店里没有他要的那种游戏，而且直到下个星期三才能进货。泰德说："好了，安迪，不要像小婴儿那样了。你不能想要什么就马上得到什么。你得学着有耐心。"安迪哭得更大声了。泰德看着我，我朝旁边看去。

泰德（想了一会）："一直等到下星期三对你来说一定不容易。我猜你希望现在就买到那个游戏。"

安迪不哭了。

两周之后

我不知道父亲小组的进展如何。泰德也不和我谈这些事。但是，他们一定讨论过"自我认识"这类主题，因为最近他一直说一些让安迪自我感觉良好的话。而且在意想不到的时候说！例如，昨天晚上，安迪的一张唱片坏掉了，他尖叫起来，这根本不值得表扬，可是我听见泰德说："安迪，我看出你很不高兴，但是你现在大声喊的劲头儿应该留着在紧急情况的时候用，比如着火了什么的。你的肺活量真大，伙计！"

今天早晨，安迪打翻了果汁，泰德甚至都能找到一些积极的话来说他。安迪擦地板的时候，泰德评论道："我欣赏你对这种情况的处理方式，你不抱怨，也不责怪，只是安静地做应该做的。"安迪的表情就像刚被颁发了一枚勋章。

我想告诉泰德，他最近和安迪的互动都可以给吉诺特博士当作教学实例了，但是我不敢说，我不认为他会喜欢我这样评价，所以我保持沉默，享受着家中的新变化。

三周之后

今晚情况不妙。泰德非常疲倦，没有情绪听安迪悲悲戚戚地抱怨自己仍然没有学会分数，泰德迸发出一连串责怪和讽刺的话，然后挑衅地看着我，等待我向他作出"你太野蛮了"的表情。

我没有那么做。

过后，他开口了，几乎是歉疚地："喔，他那个动静让我神经紧张，我猜今晚我对他太严厉了。"

我漫不经心地说："那又怎么样，他现在知道了，他爸爸有时会对他很严厉，他又不是一朵娇贵的小花儿。"

父与子

三周之后

我有个可怕的想法。我开始怀疑安迪和大卫互相取笑并且相处不好的原因在我。一定是这样的，因为我注意到每当泰德给他们劝架的时候，他们和好得很快，马上又在一起玩了。

我想知道为什么泰德有能力把吉诺特博士讲的如何解决子女间的纠纷应用于实际，而我却不能。我们学的技巧都一样，为什么对我不管用，我猜，解决子女之间的问题不是我的强项。看到我的孩子互相攻击，我会变得很沮丧。

噢，如果有人愿意跟我谈理论的话，我实际上是个专家，我知道有些打闹是正常的，也无法避免。但我只知道应该怎么做，实际做起来却不行。

我应该保护小孩子的安全，同时不能伤害大孩子，让他觉得自己是个无可救药的恶霸。

我应该鼓励孩子自己想出解决之道。

我应该允许子女之间私下表示不满——通过图片、谈话或者写信的方式，以此消除他们的敌意。

我应该避免无意义的比较。

最重要的是，无论在什么情况下，我绝不应该偏袒。

但是，当大卫开始踢安迪，安迪试图自卫，大卫变得更加强硬和自私时，我便仿佛再次回到了5岁的时候，想起我姐姐打我的肚子，这时我就会生出偏袒之心。

泰德就不这样，他学会了怎样不偏不倚，他有办法保持中立，同时要求每个孩子负责。不过并不总是奏效，有时孩子们的打架是超出了他的调解能力的。但是当他有能力使用新学的技巧时，我会发现他用的是跟我完全不同的方式。

例如，当男孩们像两个疯子似地跑进屋里，互相尖叫着向父母诉苦，各自陈述着对自己有利的事实时，我会喊道："我不在乎发生了什么，或者谁挑起来的。我只想让事情赶快结束！"

泰德完全按照吉诺特博士的话去做，他说："你们两个真的很生对方的气，我只想听听发生了什么——请你们写下来。告诉我怎么开始、怎么发展、你们说了什么，还有，最后，一定要附上你们的建议，说说以后打算怎么做。"

大卫会什么也不写，而安迪能写两页纸。泰德把它大声念出来，认真地讨论每一条建议，安迪觉得自己的话真的有人听。

还有一次，安迪哭着走进来，说大卫使劲地打了他，大卫抗议说他只是开玩笑。如果是我，就会对大卫发火："我告诉你多少次了，不要碰你弟弟，这只会带来麻烦！"

泰德说："安迪，你觉得哥哥打得很疼。大卫，你认为自己只是轻轻打了一下。人们认为自己感觉到的就是事实。"两个孩子停战了，看着对方，似乎都在思考着什么。

但是，当安迪真的需要保护时，他父亲会给他——还是用与我不同的方式。我想起有一次，大卫骑在安迪背上，捏紧拳头不停地揍他，我的反应会是："放开他，你这个小恶霸！"

泰德立刻把大卫拉下来，叫道："每次我看到你欺负弟弟，就想伤害你！你最好消失——快点！"大卫马上跑掉了。

我们之间还有一个不同：我觉得大卫既然年龄大，又成熟些，他会对弟弟更理解，更能控制自己。

泰德则不这样。他从没让大卫觉得自己应该对弟弟好，无论怎样。我听到他对安迪（正在故作生气状）说："儿子，你在玩火！大卫已经试着克制自己了，你可别利用他的好心，每个人的忍耐都有限度。"

但是，我认为自己最羡慕泰德的地方是他有能力在两个男孩闹僵了的时候提供帮助。他学会了如何介入双方的矛盾和相互责骂，同时又能通过大声重复来肯定每一方的观点。他不会总是成功，但是星期一晚上，孩子们不愿意睡觉，因为其中一个想开着灯，另一个要关着灯，这时泰德采取的办法就很有效。

（我会立刻提供一个解决方案：大卫在起居室看书，直到安迪睡着为止。如果他们不喜欢这个主意，我就另想办法。）

泰德让他们都负起责任，找出解决办法。

泰德：我发现你们分歧很大。

安迪：我再也不在这个房间睡觉了。他整晚都开着灯，他总是自作主张——只因为他是哥哥。

大卫：这不是真的，你这个小婴儿，你才是……

泰德：等一会，不要骂人。我们只看问题。安迪，按照我的理解，你想在睡觉时关着灯？

安迪：当然！那个"白痴"开着灯，我睡不着。

泰德：我再重复一遍，不要骂人！大卫，你弟弟说他开着灯睡不着。

大卫：那我呢？我得读5本书才能在英语课上得A！

泰德：我知道。安迪，大卫很担心，他今年需要读很多书，压力大。

安迪：他不容易。

泰德：是不容易，甚至对你来说也不容易。遇到困难时，我们应该互相团结，减轻困难的程度。

大卫：怎么做？我不会为了他英语挂科的。

泰德：真是进退两难——住在一个房间的两个孩子，有着不同的需要……听着，我会到起居室去读书，给你们半个小时，看看你们能不能想出双方都同意的解决办法。

10分钟后，他们激动地把泰德叫过去，两人达成了协议！大卫准备放弃使用屋里的吊灯，只开着他自己看书的台灯。安迪会发明一种遮光罩，可以嵌在他的床头板上。

如果继续这样下去，说不定他们哪天会成为朋友。

星期六

泰德心情很好——很快活，尽管还有一长串杂事要做。他把头探进安迪房间，邀请他一起干活儿。我很高兴。他以前从不这么干，以前他叫的是大卫。安迪缩了回去，即使父子间的关系好多了，他还是有点猜疑。他说自己得去捡石头。

泰德看上去受了伤害，和我吻别后走到门边。突然，安迪手里拿着鞋冲了出来。

"我改变主意了，我也想去。"

"好的。"泰德说。

他们去了好几个小时，直到天黑才回来。安迪兴致很高，告诉我今天的每一个细节——五金店里面的工具有多酷、伐木场里的锯有多大、油漆店里的男人免费给他一只刷子、薄荷冰淇淋味的苏打水配着巧克力枫糖浆。

泰德也想告诉我今天的事："我们过得很愉快，"他说，"你知道，我想这孩子真的喜欢我。"

我问："你为什么这么认为？"

泰德不好意思地笑着："回家的路上，他把头放在我肩膀上，说：'今天我们度过了真正的父亲和儿子的一天！我希望下一次早点到来，爸爸。'"

一周之后

我希望自己不是在自欺欺人，在我看来，安迪这6个月里确实变了。不是夸张的那种变化，他仍然经常抱怨，但是，有时他会正常地"说话"了。他现在也有朋友了，虽然只有一个——克雷格——不过这是他第一个真正的朋友。他哥哥还和他打架，但是打得不厉害，也不常见。最重要的是，他和父亲的关系不再紧张。遇到问题时，他越来越多地向泰德求救。

我知道安迪还有很长的路要走，但是我认为他已经顺利通过了转折点，不再把自己封锁在无助、哀怨的"婴儿"角色里。现在，他可以更为自在地寻找自我。

泰德的校友舞会那天晚上。

镜子里这位穿着精致的晚礼服、魅力十足的女士是谁？她肯定不是什么人的妈妈！

安迪突然冲过来："你真漂亮，我想和你结婚。"

"离我远点，"我尖叫道，"你手里拿着金枪鱼。"我暂时不再扮演母亲角色，我的全部注意力都放在整理自己的希腊式假发束上，今晚是属于成年人的。

聚会很棒。奢侈的食物、动人的音乐、有魅力的人——十分彬彬有礼。没人发脾气，大家的举止都非常得体。

我们都不愿意结束聚会。泰德的老朋友邀请了一些夫妇到他公寓去，大家喝着咖啡，随意地愉快交谈着——度假、变化、城市和郊区，还有孩子。

孩子！谁想穿着晚礼服谈论孩子？我试图不去听——我要保持好心情。但是，大家的评论逐渐吸引了我的注意。

"毫无疑问，孩子是带着不同的个性来到这个世界的，拿我的小儿子来说吧，他心地善良，还很慷慨，但是大儿子就相反，一个子儿都不愿意给你，天生就是个吝啬鬼。"

"我理解你的意思。我的一个孩子在普林斯顿大学，还有一个孩子，如果他够幸运，只能高中毕业。他永远上不了大学——这是肯定的。我告诉他：'你不是笨，而是懒。'"

"你应该见见我女儿们，你简直搞不懂她们怎么会是姐妹。小的那个很文雅——举止像个芭蕾舞演员，大的那个在屋里走几步都要碰倒东西。我们叫她'笨瓜'。"

有人笑起来。

"你的孩子呢，泰德？你有3个，不是吗？他们什么样？"

我紧张起来。泰德耸耸肩："他们就像——无论他们能成为什么样的人，不同的人在不同的时候都不一样。"

"别拿出哲学那一套了，那可没有答案。来吧，珍，你告诉我们。"

我的脑中闪过一个念头，自己大可以舒舒服服地加入他们给孩子"贴标签"的行列。但是，现在我们的实际经历有了差异。

他们没有听过肯尼斯或者苏西的故事。他们不知道安迪。我应该告诉他们吗？不，都是太私人化的东西了，另外，在聚会上也不适合谈这个。

大家都期待地看着我，我尴尬地微笑着，嘟囔着说，你们可以自己到我家去看，自己对孩子们作出评价。

有人注意到时间已经挺晚了，于是大家开始穿大衣、互相道别、保证要经常联系。我坐在楼下大厅等泰德去取车。刚才的那一刻让我不太高兴，它困扰着我——因为我不能坦率说出事实。虽然我不必把所有私人事件和自己的全部想法都说出来，但我确实可以说点什么，不是吗？

如果我能自由表达观点，我会告诉他们："亲爱的朋友们，你们用来开玩笑的事情根本不能作为笑料，孩子首先是通过父母的眼睛看自己的，孩子不是非要你们告诉他们是什么样的人，你们需要揭示的是他们有能力成为什么样的人。他们依靠我们来更客观地认识自己，我们要提供给他们实现这个客观自我的工具。"

我可以告诉他们：

没有"自私"的孩子，只有需要体验慷慨带来的快乐的孩子。

没有"懒惰"的孩子，只有缺乏鼓励、需要有人相信他会在真正在意时努力付出的孩子。

没有"笨拙"的孩子，只有自己的举止需要被人接受、需要多做身体练习的孩子。

孩子——所有的孩子——他们的优点需要得到承认、缺点需要被人忽略或者改变。

谁会接受这项挑战性的工作呢？

父母。

除了父母，谁还能为了帮助孩子改变而首先改变自己？

除了父母，谁还有那么宽大的胸怀，告诉孩子："过去的已经过去，现在，让我们重新开始。"

除了父母，谁还能有足够的爱心，对脏乱不堪、衣着褴褛的孩子说："过来，我相信你，透过破衣服，我看到的是你的内心。我应该用王子般光彩夺目的衣服打扮你，你也一定会成为一位王子。"

次日

重读昨晚写下的内容时，我意识到自己缄口不言是对的，我不该对那些人这么说，说教的色彩太浓了。

但是，奇怪的是，本想"告诉他们"的内容，在某种程度上启发了我自己。

我想我现在明白了。

这将是我日记中的最后一行。

第 8 章

不要改变自己的想法，
只需改变孩子的情绪

* 借助幽默和想象的力量化解孩子的抵触。
* 灵活的程序能保证你不会变成唠叨的老太婆。
* 如何成功地转化孩子不好的情绪。
* 真正的情绪转换大师是孩子自己。

想法不变，变的是情绪。

大卫还是个婴儿的时候，我会坐在游乐场里，摇着他的小车，听旁边的女人们不无同情地互相讲述自己是如何搞不懂孩子的"想法"。

　　布莱恩不愿意刷牙，尽管他妈妈一直警告他会得龋齿。朱莉不收拾玩具，尽管父母整天唠叨，要求她保持房间整洁。刘易斯每次上完厕所，只有经人提醒才会冲水。

　　我心想："喔，她们真可怜，我同情她们的孩子。"

　　现在，自己有了3个孩子，我不怎么笑话别人了。我发现，我觉得重要的事情，孩子却不当回事，认为多余，这的确破坏我的好心情。当然，我觉得很多父母也是这么想的。我怀疑大部分父母发现家里乱七八糟、孩子没刷牙就冲你微笑、厕所发出难闻气味的时候，他们一定高兴不起来。所以，每当我们小组里的一位母亲说起她是如何让孩子高高兴兴地听话，而不用说教、唠叨或者恐吓的时候，我总是印象深刻。

　　我觉得凯瑟琳很特别，她有办法安抚孩子的情绪，减少他们的对抗。即使她不得不提醒孩子做什么时，也总是轻描淡写地稍加点拨："克里斯，我没听见厕所冲水的声音。"或者"帕蒂，睡觉前刷牙！"，或者"孩子们，我需要有人帮我收拾盘子。"（都是简单的描述。）

　　通常，她会征求孩子的意见，让他们自己决定做家务的时间和方式："你想在吃点心之前还是之后收拾盘子？""你愿意用刷碗巾还是百洁布？"，不过她的交流方式都传达出这样一个信息：我需要帮助，我想得到帮助。

我还喜欢她处理当孩子的任务没有达到她的标准时的做法。她从不否定孩子的努力（"你什么事都做不对吗？"），先充分认可和赞扬他们已经完成的部分，然后再指出还需做什么。她会说："克里斯，能把平底锅刷得这么干净，胳膊一定很有劲。不过这边还有些煎蛋时留下的小碎片，它们很顽固。"

凯瑟琳说，虽然她尽量避免去发号施令和责怪批评，但只有一件事真正地确保她不会变成唠叨的老太婆，那就是程序。灵活的程序。她在厨房里放了一块留言板，孩子们可以随时在上面写下自己想好的家务程序或者进行修改。凯瑟琳不会和孩子们喋喋不休地争论诸如谁应该遛狗或者整理洗好的衣服之类的琐事，她会说："查查今天的安排。"结果就是，不需妈妈唠叨，孩子们自然会通过留言板弄明白今天该干什么。

最近，孩子们想出了新主意——在厨房里放一个"家务转盘"，每个星期通过转盘来分配任务。

显然，凯瑟琳这种愉快、实用的做法营造了和谐的家庭氛围，大家喜欢在一起干活儿。

还有一种促进家人合作的方法，几乎称得上管用，不过我有点犹豫要不要在这里提及。

有时家里的紧张气氛一触即发，但一些父母就能用幽默化解纠纷，让大家都高兴，你相信吗？对我来说，用游戏代替攻击、幽默代替争论，听起来真有点难以置信。

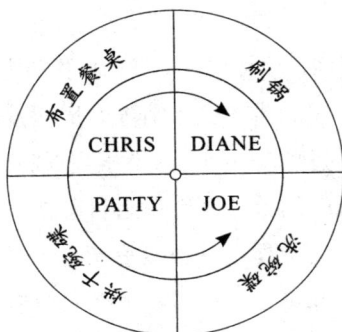

海伦却不这么想。她从自己经历的角度讲，"玩"是非常必要的——是消除她的紧张和想发号施令的本性的途径，当她心情轻松地说出需要做哪些事时，可以带来双重好处：她更加放松，孩子的对抗更少。他们喜欢她像演员一样扮演各种角色。

例如：一天下午，劳里和比利准备到商店去，外面大雨倾盆，他们只穿着凉鞋和薄T恤。这时，海伦想象着她可能和孩子发生的争论。

"孩子们，下大雨了。"

"不，只是毛毛雨。"

"我希望你们穿雨衣。"

"可是我们只出去一会儿。"

"你们会湿透的。"

"我们可以跑。"

绞尽脑汁地想了一会，她学着唐老鸭"呱呱"的声音说："什么？不穿雨衣和雨鞋？我非常吃惊，我想，所有小鸭子都会在雨天穿雨衣和雨鞋。"

孩子们咯咯笑起来，一边朝衣柜走去，一边学着唐老鸭说话。

还有一次，比利和劳里还没打扫房间就要出门，海伦在门口逮住了他们，"好的，伙计们，不许动！我刚刚调查了后面的房间，它们乱成一团糟，没人会不清理好房间就出门，不是吗？而且，最好干得漂亮些，否则老板会不高兴的，明白了吗？"

再举一个滑稽的例子。海伦和比利在看一部有关农场生活的电视剧，突然，海伦作出一副似乎能闻到屏幕上动物气味的表情，她迷惑地吸吸鼻子，这时，坐在她旁边的比利换了个姿势，突然她明白这气味是从哪里出来的了。

节目结束后，海伦用鼻音说："威廉，你身上的味道像打猎打到了臭鼬一样！赶快爬到浴缸里去，拿香皂和刷子好好洗洗，我希望你在保罗回家以前洗完……还有，别回嘴说你一年只洗一次澡，你现在老了，到了一年洗两次澡的年纪了！"

李说她喜欢和孩子们快乐地相处，但绝非易事。杰森是个十分严肃认真的小孩，不管你对他怎样幽默，他通常会说："哈，哈，真好笑。"苏西则会盯着妈妈，面无表情——根本意识不到好玩之处。只有迈克才会激发她的幽默感。

他即使在半睡半醒的时候也做好了玩闹的准备。李告诉我们，一天早晨，她去叫醒迈克，发现床上的毯子下面有一个形状不规则的物体。"嗨，"她说，"我看见那儿有艘潜艇，它难道不想浮出来吗？不想从毯子里伸出潜望镜？还是只想在水里多呆5分钟？"迈克伸出一只手指，摇了摇。

还有一次，她发现迈克坐在床上，屋里乱七八糟，他显然为收拾房间而发愁。"怪不得，"李看着地板上的杂物想，"他腾不出地方来放东西。"

她到楼下去，几分钟后又回来了，抱着好几只鞋盒，还有一张唱片。

"迈克，"她说，"我们不能仅仅因为收拾房间太辛苦了就不去做，今天就让我们来大扫除吧。"

她在唱片机里放了一张进行曲的唱盘，"来点音乐，提高我们的斗志"，她的声音比海军陆战队的军乐还要响，"这儿有很多盒子，你可以把珍贵的东西放进去。"

迈克会心地笑起来，滑下床，跳到地板上。接着，跟着音乐的节奏，他把弹球放进一只盒子里，把棋子放进另一只盒子。

罗斯林说，她能以轻松的心态对待任何难题，但是不能当时进行，只有事情过后才可以。只有当孩子离开了视线、睡得很香、整座房子静下来之后，她的幽默感才会回来。有时，只要她拿起笔在纸上写点什么，就会感觉好一点。她写的内容一开始大多是刻薄、讽刺、非常不满的，接着，她会慢慢修改润色，直到既能表达看法，又不批评指责的程度，下面是她笔记中提到的比较棘手的一些情况。

孩子们有时不愿意刷牙，她画了下面的警示画，贴在浴室镜子上。

下面哪幅图是你的牙齿？

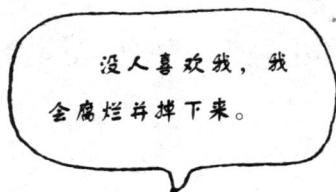

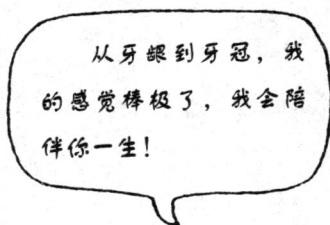

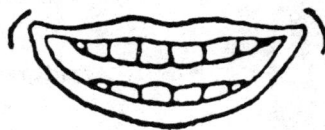

不刷牙　　　　　　　　　　　坚持刷牙

晚上催促孩子睡觉是一场疲惫的持久战，罗斯林写了一封信，打了好几份，分别放在每个孩子的枕头上。信上写着：

睡觉时间的一些思考

假设：早睡。

面带微笑心情好，

父母很满意，

香甜一觉睡到大清早。

假设：晚睡。

父母提醒加警告，

有时还争吵，

早晨起来抱怨少不了。

请你评判一下，上面那一种做法可以让家庭幸福和睦？

请填空：

我认为我应该在＿＿点到＿＿点之间上床睡觉。

我认为"熄灯时间"应该在＿＿点到＿＿点。

爱你们的 妈妈

当罗斯林在厨房干活，需要帮助，忍不住要唠叨时，她写了下面这个通知，把它贴在储藏室的门上。

公告
厨房危机

有目击者称，戴维斯餐厅的厨师正在厨房里走来走去，威胁说要辞职。

据可靠内部消息透露，她一边生气地捶打着土豆泥一边抱怨："一个人干不了这么多活！我没法一个人支撑整个餐厅！"

由于这场可怕的危机，我们请所有长期顾客立即自愿提供服务。

我们需要从事如下活计的工人：

——擦桌子

——清洗瓷器和餐具

——操作洗碗机

——擦水壶和平底锅

——打扫地板

请查阅并选出你想干的两种工作。

附言：无需工作经验。免费现场培训。

所以，显然有些父母确实能通过幽默感和提倡友好合作，避免强迫孩子。不会有副作用！

但是，有必要再谈一谈好心情的价值。它不仅能促成合作，还有更大的益处。人心情好的时候，常常会遇到好事情。无论年龄如何，愉快的心境会让人更开朗、更有责任感，甚至更有创意，有时似乎不可能的事情也会变为可能。人们会释放出爱的力量，让整个家庭都深受感染。

坏心情能够传染！在我拥有了自己的家庭之后，我才完全了解孩子的负面情绪是多么容易影响自己。孩子急躁不安，我也会变得急躁不安；孩子泄气，我也会愁眉不展，最后我会加入他，把事情搞得更糟。所以，每当我们小组中有人讲述她是如何把自己的情绪和孩子分开、如何使孩子的心情"阴转晴"的时候，我便顿生疑惑。

听他们这么说，我还有种孩子看动画片的感觉——里面的卡通兔子从悬崖上骤然跌落，谁敢保证在这千钧一发的时刻，兔子的耳朵会变成翅膀、尾巴变成螺旋桨，能够升上天去，克服万有引力规律呢？

下面是我最喜欢的两个不可思议的故事，每个故事中，都有一位父母成功地转化了孩子的情绪。

我把第一个故事称为：

擦干净

（在这个故事里，海伦通过使用吉诺特博士解决无效难题的公式力挽狂澜："擦干净，然后重新开始。"）

场景：清晨，劳里的卧室。

劳里：妈妈，我今天该穿什么？

海伦：我们为你上学买的那些可爱的新裙子怎么样？它们就挂在衣橱里。

劳里：我不喜欢它们。

海伦：亲爱的，它们是你亲自挑的！来，你可以穿这条彩色格子的褶子裙，你看上去会像个苏格兰的女孩儿。

劳里：我不想看着像苏格兰女孩，我想穿裤子。

海伦：可是你老是穿裤子，应该改变一下风格。如果你不想穿褶子裙，那么那条蓝色的带铜扣子的裙子怎么样？

劳里：那条穿着身上发痒。

海伦：那你可以在里面穿条衬裙。

劳里：（快要哭出来）我恨衬裙！

海伦：（自言自语）我又犯错了，把自己的意愿强加给孩子，连个简单的决定都不让她自己做……怎么才能走出死胡同呢？（大声说）劳里，让我们"擦干净"。

劳里：啊？

海伦：让我们把刚才的事擦干净，然后重新开始。我们假
　　　装现在我刚走上楼来叫醒你。

海伦：（走出房间，关上门，等了一会，然后敲门。）

劳里：（不情愿地说）请进。

海伦：早上好。有人问我今天应该穿什么吗？

劳里：啊哈。

海伦：好的，在一个人决定穿什么之前，她可以问问自己
　　　有什么感觉。"我今天想穿那条旧的棕色裤子还是
　　　一条新裙子？我想穿毛茸茸的黄毛衣还是我的印花
　　　上衣？"

劳里：（仔细想了想）我想穿……我的蓝毛衣和旧的棕色
　　　裤子。

海伦：你是个了解自己真实想法的8岁小孩！

劳里：（腼腆地承认道）蓝色是我最喜欢的颜色。

迈克与袋鼠

（在这个故事里，李运用想象力改变了气氛。）

　　一天下午，李发现迈克在欺负新来的小狗"松饼"，她让
他住手。可他坚持说"松饼"知道他只是在和它玩，接着把小
狗顶在头上。

　　李想："我怎么能说服他呢？禁止他接近小狗一个星期？
威胁说要告诉他爸爸？严厉地教育他？"她已经想好了一篇关
于虐待动物的长篇说教，这时她突然想起吉诺特博士的话：
"不要改变想法，改变情绪。"她想看看自己能否做到。

李：迈克，我看到你非常喜欢闹着玩……你知道我们应该
干什么吗？从澳大利亚给你邮购一只袋鼠——还要给
它戴上拳击手套。

迈克停止折腾小狗，抬起头来。小狗缩进墙角。

李：（越说越来劲）我们可以给袋鼠搭一张帆布床，在上
面挖个洞好让它伸出尾巴。

迈克：（咯咯地笑）他可以睡在我房间。

李：就在你床边！这样当你想练习拳击的时候，就有个对
手陪你玩了。

李跪在地板上，温柔地对着小狗说话。

李：你不是袋鼠，对吧，松饼？你只是个小狗，不喜欢闹
着玩。

迈克也在旁边趴下来，抚摸着小狗的毛。

李：（继续对小狗说）你喜欢人家摸你、拍你，喜欢温和
地玩，不是吗，小狗狗？

迈克：（用他的鼻子蹭着小狗的鼻子）非常、非常温和。

我不知道这些故事为什么会如此打动我。我猜是因为看到
父母能够借助幽默和想象的力量化解孩子的抵触。这是一种多
么好的生活方式啊！但是，我也足够现实，知道幽默有时管
用、有时没用——问题不在你愿意与否或者技巧如何，无论时
机对不对，你不能总是随心所欲地创造自己想要的效果。

迄今为止，我相信只有成人才有能力营造情绪。但是，如

果我没有提到真正的情绪转换大师——孩子自己，就结束这个
章节的话，显然是不负责任。

他们天生就能从沮丧迅速变得高兴，而这是成年人丧失已
久的能力，这种能力的力量往往超出成人的想象。幸运的是，
孩子没有我们那么多限制。

我来举一个自己家庭的小例子。

一天傍晚，看完一场少年联盟的比赛后，我们都坐在车里
往家赶，没有人说话。比赛中，大卫有 4 次机会击球得分，可
是却 4 次出局，他的沮丧传染了车里的每个人。我非常想改变
大家的情绪。我绞尽脑汁却没有主意。最后大卫开口了。

> 大卫：我不属于少年联盟，我甚至不属于农场联盟，我属
> 　　　于尿布联盟。
>
> 父亲：喔，大卫，我不得不羡慕你，你虽然心情很差，却仍
> 　　　然有幽默感……我很好奇尿布联盟的人怎么得分？
>
> 大卫：（闷闷不乐地）我猜，如果你大便（一号），就可
> 　　　以上第一垒。
>
> 吉尔：（开始感兴趣）那么上第二垒，你就得小便（二号）。

汽车后座上，安迪跳上跳下，非常激动。

> 安迪：我知道什么是本垒打了！

我们都看着他。

> 安迪：（得意洋洋地）拉肚子！

5 个人捧腹大笑。
你明白我的意思了吧？

第二部分

第 9 章

接受我们自己的感觉

*也许我们不总是清楚自己的感觉。

*坦白自己的糟糕感觉其实是一种释放。

*我们也需要独立于孩子之外的生活。

*为人父母的首要职责应该是：对自己负责。

接受自己枯萎消况的负面情绪，并且随时调整，才能更好地爱护家人。

我一直在翻阅自己的笔记。每次读到吉诺特博士关于父母感觉的评论时，我都惊讶得寒毛直竖。

父母应该尊重自己的限度。
我们可以表现得比自己感觉的更和蔼，但不要过度。
重要的是接受我们当下的实际感觉。
最好能够真挚地对待我们的孩子。

为什么我会对这些话反响强烈呢？他们看上去很有道理——很有逻辑。我又研究了一遍，然后明白了其后的含义，这些说法的共同前提是假定一个人一直清楚他的真实感觉。我越仔细琢磨，就越不自在，也许我不总是清楚自己的感觉！

这个念头让我心神不安。我试着安慰自己："胡说八道！当你面对很多争论的热点问题时，你非常明白自己的感觉——比如妇女解放、大麻合法化、福利立法、中东危机、公共汽车运输、男女共享学校寝室等等。你一向没有那么软弱，你是个性格鲜明的人！"

但是，我不能确信。内心深处，我知道自己的困惑源自何方——来自孩子们。哪怕只跟一个孩子打交道，我所有鲜明的观点都会消失殆尽。

只要有孩子介入，我的内心机制——我指望它发出信号，告诉我自己是何种感觉——似乎会完全失效。

这简直有点滑稽，滑稽的是我本人，身为一个非常尽心地想帮助子女、希望了解子女感觉的母亲，却弄不懂自己的感觉。

拿上个星期天来说吧。我正蜷缩着看报纸，孩子们冲进来，说"妈妈，爸爸答应带我们去吃冰淇淋，现在他又说不想去了，因为他需要一下午的时间付账单！"我想，"他们很想去吃，我来带他们去。"我把报纸推到一边，从暖和的沙发上起来。接下来我说了这些话：

> 好的，大家都到车上去。
>
> 孩子们！请小点声！
>
> 好吧，你们自己决定，想吃什么口味的？
>
> 小心！都化在汽车座位上了！
>
> 他们没有你想要的口味，你就要抱怨个不停吗？
>
> 快没时间了！实际上，再不快点，就什么口味都没有了。

本来好端端的一顿冰淇淋大餐，最后以埋怨收场。

发生了什么？

我确实把报纸推到了一边，试图当个"和善"的妈妈，让每个人都高兴，但最后每个人都不满意。显然，我错误判断了自己的感觉。我觉得自己很"和善"，也许我的实际感觉是"厌烦"——只是自己不知道而已。

想想看！任何置身事内、承担重大责任的人都不能忽视自己的真实感觉！一位外科医生总不能屈服于压力，非要做所谓的"好人"。每天多做几个手术，这样对病人可不安全。

走钢丝的杂技演员在感觉钢丝乱颤的时候，也不会冒险上去尝试，因为这也可能是他最后一次表演。没有一位卡车司机会在觉得眼睛睁不开的时候整夜开车，这样做，他也许永远到不了目的地。但是，我这个身负抚育人类后代重任的母亲，却一次次地忽视自己的感觉，从不考虑后果。

当牵扯到孩子时，我是怎样忘记自己的感觉的呢？为什么我总是违拗自己的心意扮演不喜欢的角色呢？有什么东西在阻碍我？

我想起自己的父母。他们似乎从未如此困扰。面对孩子，他们确切地知道自己的感觉。下面的说法我经常听到：

孩子是我们的全部。

他们的健康和快乐是我们最关心的。

他们的生活就是全然的奉献：孩子永远是他们考虑的第一件事，也是最后一件事。

我对这些又有什么感觉呢？当然是抗拒的！我是现代社会的母亲，我要寻找新的生活方式。我已经超越了那些老派、自我奉献的狭隘观念，不是吗？可是，为什么当某些想法（我父母避之惟恐不及的想法）在心里浮现时，我会觉得不自在？

我想要自己的生活，独立于孩子之外。

抚养后代也许是个神圣的目标——但是有时我不太在乎。

我困在每天的固定程序里——孩子们还那么小；我的路还很长。

有时我甚至不喜欢自己的孩子。

当我把这些想法放在一起，与我父母的"一切为了孩子"观念进行比较时，我会觉得自己像个怪物。

大众传媒也没有帮助我增强自信，广播、电视、杂志都在向父母宣扬下面这些可能让人气馁的信息：

抚养孩子应该是自然、同步、快乐的体验。（噢，虽然有时遇到困难，但是用一点小幽默你就可以赶走暴风雨。）

解放父母 解放孩子

一个人必须学习如何放松。放松的父母才能培养出放松的孩子。

父母唯一需要的就是"更上一层楼"：更灵活、更有想象力、更理解人、更风趣、更有智慧。

还要做更多的事！带孩子远足。给孩子玩具。跟孩子玩，让他们快乐并开发智力。用亲手制作的午餐便当带给孩子惊喜。成为居家母亲。成为社区领袖。成为孩子的模范。成为超级母亲！

我突然意识到，上一代人的父母和现在的父母有很多惊人的相似之处。他们都必须作出一定的牺牲，这种牺牲看起来放在圣人或者殉道者身上才更加合适。但是，过去的时候，至少人们会给你颁发一个"圣人"称号。如今，社会期望我们付出更多、努力更多——同时还要面带微笑。每一代的父母都不能抱怨。我自己的真实感觉与人们告诉我应该是什么感觉之间的差异，让我仿佛深陷囚笼，动弹不得。

吉诺特博士经常说："父母总会有不必要的负罪感。"我的负罪感也许是没必要的，但是确实存在——驱赶着我要做得比自己想的更好；逼迫我在分毫不剩的时候付出更多；促使我突破自己的极限，却很少允许我奢侈地回味自己的真实感受。

我产生了一个惊人的想法。我已经认可了孩子们的感觉——甚至包括负面的。难道我自己，一个成年人，面对这个敏感问题，仍然在自我欺骗，觉得自己属于好父母吗？这个想法让我激动。我觉得终于抓住了重点。

当我告诉学习小组自己怎么想的时候，引起了很大的反响。他们都能理解我为何激动，我们一起探讨着各种想法。我们的讨论一定产生了某些影响，因为接下来的一周，出现了很多新故事，其中蕴含着某种新元素。

　　轮到我发言了，我宣布："我想告诉大家一个'第一次'！那天，我为大卫做了很多事，正在回家的路上，天色已晚，比较冷，我想赶快回家，这样才能迅速准备好晚饭。回到家，我还没来得及脱大衣，大卫就要汤喝，我根本没打算做汤，但是，我发现储藏室里有个罐头，我想：'为什么不呢？在寒冷的夜晚，一位富有爱心的母亲怎么能拒绝孩子喝一碗热汤的要求呢？'然后，我想起上星期大家的讨论，突然发现我并不觉得自己富有爱心——我真的觉得疲惫！我拿出罐头、打开它，这意味着要多刷一只锅，真像是服劳役。我说：'大卫！没有汤！我很累。我想有人来帮我。你能给胡萝卜削皮吗？拜托。'"

　　"你知道发生了什么吗？就算想想我也会吃惊不已。大卫说：'好的。你需要几只胡萝卜？'但这还没有完，第二天晚上，他走进厨房，看着我的脸，说：'妈妈，今晚你心情好吗？你介意做点汤吗？'"

　　"介意？儿子这么在乎我的感觉，我感动还来不及。我听见自己回答：'你想喝什么汤，大卫？'"

　　吉诺特博士评论道："你给了你儿子比汤重要得多的东西。你给了他自己的真实感觉，你给了他一个机会，让他考虑到别人的需要。"

　　小组的人都朝我微笑表示认可，除了凯瑟琳。她看上去不怎么自在。"我没法完全理解这个故事，我猜因为我是在一个尊重成年人的家庭里长大的。在我父母家，人们不会建议孩子给胡萝卜削皮，他们应该自觉地去干，孩子们从不会有过分要求。我们知道，大人做什么饭我们就得吃什么，所以这种情况对我不是问题，我可以简单地说：'没有汤，亲爱的。'我也觉得没必要解释为什么没有。"

　　听着凯瑟琳的话，我想："对她来说太容易了！我拼命想要学会的，她天生就会。"我怀疑，对我来说，无论多么努力地尝试，最后总会引发战争，我总是和自己的天性对着干，最后一个才考虑自己。

罗斯林说："现在，关于汤这种故事对我来说也不是问题了。我觉得尊重自己的感觉并不难。珍肯定受的困扰比较大，她有压力，很想赶快做好晚饭，她出现这样的感觉也有充分的理由。"

吉诺特博士打断道：**"罗斯林，一个人不需要给自己的感觉找理由。事实是，他就是那样感觉的，只要是事实就足够了。"**

罗斯林继续说下去，似乎完全没有听见他的话一样："例如，有天下午，我觉得很累，其实我晚上睡得很好，没有理由这么累。所以，当孩子们恳求说要放学后去溜冰时，我逼着自己带他们去。"

吉诺特博士说："罗斯林，父母不能逼迫任何人——甚至自己。你这样说就可以让自己和孩子都高兴：'孩子们，妈妈觉得累了，我要到自己房间休息半小时，恢复一下精力，我知道你们会在我休息的时候找些安静的游戏来玩。'接下来，罗斯林，你可以到自己房间去，在门上挂一个'请勿打扰'的牌子。"

有人轻轻叹了一口气，我也有种非常释怀的感觉。如果吉诺特博士都完全认可了罗斯林的感觉，那么我也会完全认可我自己的。

接下来的几天里，我变得非常"跟着感觉走"。开始的时候，某些感觉很模糊、难以捉摸、无法肯定。然后，我逐渐地习惯于把这些模糊的东西转变为实在的感受。比如，星期六，大家都在求我干点什么，每个人的目的都不同。我没有自动去帮他们，而是停下来问自己："你现在的真实感受是什么，珍妮特？不要找借口、不要觉得歉疚——说出来！"

我慢慢地回答自己：

"我觉得自己像一块已经被扯得很长的塑料布——再也不能付出什么了。"

"我觉得似乎再也不想听到'带我去、帮我拿'，或者'给我'这样的话了。"

"我想用巴掌扇他们那些只知道大声要求的嘴巴。"

我对孩子们说："我听见你们每人都有那么多不同的要求，但是，现在我有些事不得不忙。等我回来，我们再讨论你们的事。"接着我穿上大衣出了门。

我做的只是在街区里闲逛，可即使这样也让我觉得轻松愉快，甚至不马上满足孩子的要求的做法本身也让我有种带点邪恶的享受。完全坦白自己的糟糕感觉其实是一种释放！而且我越来越意识到，最坏的情况不会持续很久——感觉很糟不代表你做得也很糟。事实是，我不可能真的扇他们巴掌。

我对小组描述了自己的经历。李持怀疑态度："不错，"她说，"你能处理自己的负面感觉。但是，如果你不知该怎么做，即使明白自己的感觉又有什么用呢？好吧，我承认有时我很烦自己的孩子，很多次！当我从超市回到家，手里提着8个沉重的购物袋，喊着让人帮忙，有人应道：'我马上下来，妈妈。'于是我就等着，可没人出现。"

"以前，我习惯给他们找借口。'噢，好吧，他们只是孩子。'但是，现在我非常清楚，事实上，我讨厌恳求别人帮助。我想让人主动帮助我。

"我又喊道：'我在等着，冰淇淋快化了！'当我听到：'就一分钟，妈妈！'我对自己说：'去他们的吧！'然后自己把袋子提上楼。我一整晚都在生气……我的观点是，吉诺特博士，我怀疑我只是知道自己的感觉没法知道应该怎么做。"

吉诺特博士回答："李，你的怀疑很正常。有时，我们明白自己的感觉，可就是不知道怎么处理。还有，作为成年人，我们还知道有些感觉最好是不要表现出来。比如，在鸡尾酒会上，你不能对一位有魅力的男士说：'我一直在看你，我觉得你会是一个很好的爱人。'你可能就是这么想的，但是没有必要说出来。"

"无论你遇到什么情况，李，我认为，如果你的家人知道你的感受，会很有帮助。你可以把你刚才对我说的话转述给孩子：'当我请求帮助却得不到时，我觉得气愤……我希望别人能主动帮助我，当我自己提袋子上楼时，心里很受伤！'然后，如果你还得不到帮助，你可以大声宣布：'我自己提着袋子，现在你们的妈妈很生气！'你的孩子一定会意识到，如果他们忽视你的请求，就会带来不愉快的后果。"

大家决定，再也不执念于那些无法表达的感觉或者没有解答的问题了，我们的重点是如何正视这些感觉和情况，也许可以找到解决问题的办法。

就我而言，我现在非常善于确定自己过去曾经无视的感觉，我认为它是一种紧张、发自内心的感受。通常在我很快得不出答案，却又不得不快速决定时出现。现在，当我觉得心里有个结时，我会把它视为红灯警告："停！你觉得矛盾了，有什么东西困扰着你，你心里不好受，你需要时间——想出办法的时间——分清事情主次的时间。"我发现，当我放松下来慢慢思索的时候，就能有更大的力量面对和处理问题。

我告诉小组自己和安迪的事情，他想让我做他的学校与家庭联络员，过去的3年里他一直要求我做——每年我都煞费苦心地向他道歉。这次，我再也编不出理由拒绝他，我差点就要同意的时候，"红灯"制止了我。我说："安迪，我需要时间考虑一下。吃完晚饭我会答复你。"接下来的一小时，我反复想，我到底对成为学校与家庭联络员这件事怎么看？

　　我讨厌这个职位。

　　我不喜欢拒绝。

　　我是怎么了？其他人的母亲并不把它当回事，很快就能接受这工作。

　　但是，想想有那么多电话要打、还要收全班的钱、策划聚会、逼着别人参加。

　　我真的不想干！

　　吃过晚饭，安迪来找我，我已做好准备。"安迪，我非常认真地考虑了你的要求，因为我知道这对你意味着什么。亲爱的，我的回答是不。我不适合做学校与家庭联络员。不过我也有喜欢做的事情，比如我很喜欢和你一起去野外考察。如果你觉得不错，我会给老师打电话，让她把我的名字放在下次野外考察名单的头一位。"

　　吉诺特博士点评道："孩子往往破坏我们生活的平衡，他们提出各种要求，而且立刻需要答复：'妈妈，我们可以养狗吗？''爸爸，我可以要一辆新自行车吗？'我们不是能够马上给出回答的电脑。当我们静下心来弄清自己的感觉时，常常会发现事情不像我们想的那样棘手，可以发现新的可能性。

　　"在思考解决方案时，要注意到还发生了其他什么事，我们给孩子的答复可以引起完全不同的效果。不要再愤怒地说'是的'，我们要和蔼地说。甚至说'不'的时候，也要简单而发自内心，里面包含对孩子感觉的真正尊重。

"不过，你的故事有一个方面让我觉得困扰，珍，就是你问自己：'我是怎么了？为什么我不能和别人的母亲一样？'这种问题只会让人困惑，它预先假定我们就应该和别人一样。但是我们并不这样，我们不是别人，我们是我们自己。你是你。现在我们又回到原来的主题上——我们的感觉是真切的。

"还有，我们每个人的感觉都非常不同——不仅是在对待学校和家庭联络员问题上，对每件事都这样。甲的母亲喜欢和孩子一起烤蛋糕，而乙的母亲可能连孩子走进厨房都无法忍受；有人喜欢把孩子们叫到身边大声念故事，还有人想想这件事就觉得害怕。我们都具备一定的能力和限度。'成熟'的一部分，就是和我们性格的限度交朋友。"

教室里鸦雀无声，每个人都在扪心自问，寻找她的"限度"。自己能不能和它做朋友？甚至是否有勇气承认它的存在？

伊芙琳打破了平静。"告诉你们我害怕什么，就是孩子们告诉我，我不是个好玩的妈妈的时候。你们知道吗？我真的不是。当他们找我下棋或者打牌的时候，我都会头皮发麻，我真的不喜欢玩游戏。"

"但是你会陪他们玩，对吗？"罗斯林问。

"好吧……是的，"伊芙琳回答，"如果我有时间。我是指……难道母亲不应该陪孩子玩吗？"

"伊芙琳，"吉诺特博士说，"哪里规定了母亲必须陪她的孩子玩？告诉我，你读过所有想读的书，或者听过所有想听的音乐了吗？"

伊芙琳张大嘴巴。"你的意思是不是，"她叫道，"我这些年陪孩子们玩的各种游戏——都是没有必要的！"

"但是，吉诺特博士，"罗斯林抗议，"我喜欢和孩子玩牌，这差不多是我们唯一可以和睦相处而不用争吵的活动了，你的意思是我不应该吗？"

　　"我是说，"吉诺特博士回答，"最起码应该做到的是忠于我们的真实感觉。如果玩游戏让伊芙琳为难，那么她最好拒绝，因为真的玩起来之后，只会影响到她的心情。另一方面，如果父母也喜欢玩游戏，那么大家会皆大欢喜。"

　　"孩子们需要得到真挚的答复。如果我们言行不一致，就会把他们逼疯。"

　　"但是，假设，"罗斯林犹豫地说，"你的真实回答对你的孩子没有帮助怎么办？比如，我讨厌开车，但是在郊区住必须开车。我得开车送艾米去她朋友家、图书馆、上钢琴课、童子军聚会、看牙医。我每天的一半时间中，要么是接孩子，要么是开车。现在，我无法直接告诉艾米，她也没办法。所以，我只能说：'上车吧，亲爱的！'尽量作出非常高兴的样子。"

　　"我很想看看你是怎么高兴地打招呼的，"吉诺特博士说，"不过我怀疑你的嘴在微笑，可是眼睛却发颤。罗斯林，你真的相信你的女儿意识不到你不高兴吗？我向你保证，她知道。我还可以向你保证，比起应付你的假笑，她更善于接受你的真情实感。"

　　"你的建议是，我应该告诉她，她是我的大累赘，然后拒绝开车送她？"

　　"我的建议是，"吉诺特博士说，"当出现紧张情况时，父母最好问自己：'谁是问题所在？'如果问题出现在孩子身上，让孩子畅所欲言；如果出现在父母身上，让父母说出来。说出自己的情况和感觉，不要埋怨和指责，关键词是'我'。

　　"在你的例子里，罗斯林，你可以说：艾米，我有个问题。有人喜欢开车，我讨厌开车。每次不得不开车的时候，我就对自己说：'现在，我得停下手里的事情，穿上大衣，走到寒冷的外面，费劲打开车库，找到我的钥匙，试着发动汽车。'就算想想'开车'这个词都会让我不高兴！

"接下来会发生什么呢？艾米必须适应你对开车的容忍度，也许她的朋友可以经常来拜访她，也许她得走到图书馆或者参加童军聚会，步行是很好的锻炼。还有，无论何时，她的自行车都是不错的交通工具。罗斯林，她知道你开车多么不容易，可能会用不同的方式请求你：'妈妈，你介意吗……'这样说甚至可以减轻你的反感。但是，最重要的是，你的女儿能够明白妈妈的真实感受而不是看到她言行不一的表现。"

我边听边想："我还有很长的路要走。"

刚才我还对自己说："也许对罗斯林无所谓，但对我不是这样。我的孩子不会容忍我的真实感觉或者限度的，我应该超越它们，否则就是不负责任。为什么呢？因为父母首先要对孩子负责！"

现在我不这么认为了。父母的首要职责应该是：对自己负责。对自己的需要、感觉，甚至对自己的"限度"负责。

过去我非常虔诚地抄在笔记本上的那些吉诺特博士的原话，现在读来突然感觉非常友好，蕴含着很多意义和关联性。

父母应该尊重自己的限度。

我们可以表现得比自己感觉的更和蔼，但不要过度。

重要的是接受我们当下的实际感觉。

最好能够真挚地对待我们的孩子。

第 10 章

保护家庭，从保护自己开始

*无视自己的负面情绪，会让全家人跟着遭殃。

*如何更好地保护自己的感受。

*坚持强调自己感受的重要性，就是为孩子
  竖立好榜样。

从孩子的情绪出发，你们会拥有共同
愉快的人生旅途。

6个月过去了，想起过去曾经怀疑自己的真实感受，我都觉得有些奇怪。这些天，我会自然而然地询问内心的感觉，每次都会轻松许多。

现在，当我回到原来的老路（我仍然会）时，会有特别的发现。我的一部分理智会冷静地观察发生了什么，在我看来，每当我忽视了自己的感觉，几乎就会引起一系列的情感灾难。

可能出现如下后果：

1. **孩子提出要求。**
2. **母亲无视她自己的负面感觉和抱怨。**
3. **厌恶和反感袭上心头。**
4. **厌恶和反感表现出来。**
5. **有人受到伤害。**
6. **全家人跟着遭殃。**

每次几乎都会重复上面的模式。

当我勉强忍受大卫在钢琴上"创造性地"乱弹，无视自己的头疼时，那么，一小时后，我就会严厉地对待每个人，很早就赶着大卫去睡觉，让他既困惑又难过。

有一次，我放任吉尔不停地唠叨着让我给她买一双她确实需要的鞋。回家的路上，我忍不住以"奢侈浪费的害处"为主题，对她进行了怒不可遏、长篇大论的教育，吉尔闷闷不乐、充满敌意地回了家，开始取笑她的兄弟。

泰德似乎也是这样。上次，为了带孩子去游乐场，他没去钓鱼。安迪又抱怨泰德"吝啬"，不让他再坐一次过山车。泰德忍不住打了安迪一下，安迪尖叫起来，我因为泰德的过度反应而生气，吉尔还问我们是否准备离婚。

通过这类经历，我可以得出可靠的结论：如果父母的感觉是控制着家庭运转最重要的齿轮，那么必须保护这些感觉。如果母亲或父亲忍耐超出了极限，那么就会引起愤怒，失去控制，结果最好的局面也能变成最坏的噩梦。但是，如果母亲或父亲感觉冷静、安定、能控制住、充满善意，那么几乎没有忍受不了和处理不了的事情，你甚至可以取笑他们。这时孩子们也是安全的，他们得到了很好的保护。

所以，我努力学着如何更好地保护我自己——捍卫自己的善意。这是为了大家好，我会试着小心地调整自己的真实感受，试着不要付出太多，唯恐失去控制；珍惜时间，甚至有些小气，但这样我就会节省出很多余暇；保护我平和镇定的心态，就像保护我的力量源泉那样——也是全家人的力量源泉。

我更加尊重自己的价值。我把自己比作一块精密的机械核心部件，执行着最关键的功能。因此，对于这么复杂精密的设备，应该谨慎操作，维持最佳的运转状态。

不，这样比喻还不够，我像一只蜂王：蜂巢的神经中枢——把蜂群凝聚在一起的核心力量。如果蜂王的需要被忽视，那么大家都要遭殃。

这些想法开始影响我的行为。过去，当我关注自己的需要时，我会忿忿不平地想——"我也是人，我也有权利。"现在，当我给自己建立了保护，便获得了平静的自信：我正在做的是为了我自己、为他们、为我们大家。

我注意到，过去为自己辩护的时候，那种尴尬消失了，我曾经会这样说："对不起，亲爱的，我知道我说过今天下午要带你去买新棒球手套，但是我收拾了一天衣柜，我累坏了，让我躺一会儿，等我感觉好了再说，好吗？"

想象一下！一个成年人对一个孩子说"让我"。

想象一下！一位母亲请求她的孩子同意之后才能躺下。

想象一下，一个成年人把自己的幸福交到一个孩子手中！我忏悔。不过，就算这样请求孩子，在过去也算是进步了。曾经有一个时期，我只要说过要出去，就一定会去——无论累不累，谁叫我是个"好妈妈"呢！

回想这两个阶段，感谢上帝，它们已经远离了我。我现在达到了更高的水平。我的新口号是：

解释没有必要。

道歉并不合适。

保护家庭，从自我保护开始。

这些天，我会说："亲爱的，我对我们两个人都比较失望。我已经计划今天带你去买新棒球手套，可现在我不能去。但愿我在星期五或者星期六下午有空，你觉得哪一天合适？"如果孩子们哀叫着抗议，我也不会勉强同意。

我会简单地重复道："星期五或者星期六下午。"如果他们再抱怨，我就直接走出房间。身为父母，并没有听孩子尖叫的责任。

我还学到另一种自我保护的方法——不是从孩子的要求出发，而是从他们的情绪出发。安迪因为下午没人和他玩而伤心，但是这不意味着我就得分担他的苦恼。吉尔在单元测验前几乎吓得发抖，但这不意味着我就必须和她一块发抖。

吉诺特博士经常指出，这样做是为了父母的精神健康不受到孩子情绪的影响。他说："如果医生对病人的每个小症状都要感同身受的话，那么他对这个病人就没什么用处了。"

我的父母可能永远都不会理解的。当我们不高兴的时候，他们不好意思笑出来。对他们来说，如果笑了，就代表他们不在乎孩子。真正的父母应该和孩子一起难过。

我十分庆幸自己能摆脱这种如同沉重负担一般的态度。大卫因为没入选学校管弦乐队而气急败坏时，我静静地听他倾诉，温和地表达同情。然后，等时间一到，我就站起来，说："好了，我必须得做好准备出门了。爸爸和我今晚要去看戏。"

大卫看上去挺吃惊。"你怎么能那么高兴，"他问，"在我这么难过的时候？"

我想了一会："因为，大卫，你是人，我也是人，我们都有不同的感觉，但是，我理解你的苦恼。"

我不只是说说而已，心里也是这么想的！只有一件事可以阻止我自鸣得意。就是上次，泰德和我订到两张戏票，大卫那天晚上也遇到了一个问题，我没有在了解他的苦衷后把问题留在家里，而是带着这些想法去了戏院，结果泰德和我都受到了很大影响！

我们似乎比孩子还要苦恼，可怜的泰德！晚餐时我把事情给他大致描述了一遍；在演出拉开序幕前，提出两个解决方案给他听；在中间休息时，我问他对两个方案分别有什么意见。我们看的戏是一出喜剧，结果大家都没怎么笑。落幕时，泰德都没看我。

今晚一定会不同。今晚，我会把大卫的问题留在家里，让它和大卫待在一起。我要和丈夫一起享受这个夜晚。

接下来是硬币的另一面。孩子们有时也需要我的保护——不能受到我的情绪的伤害。一个月前，一位好友出了车祸，情况危急，我不想让孩子不高兴，所以外在表现尽量像平时一样。

但是，我的行为却出现了反常。孩子们和我说话，我心不在焉。甚至我试着要听进去时，也会走神。几分钟后，我突然发现自己在对着一只放错地方的沙发靠垫大喊大叫，孩子们迷惑地看着我，他们似乎明白了什么。

我把他们叫到自己房间，脑子里组织着词句。"孩子们，"我说，"你们可能注意到我最近有些走神，可能吓到了你们……但是，原因我不方便说。现在，我想让你们知道，这件事跟你们无关——一点关系都没有，它只是我心里想的一些东西。"

我没敢多说，因为我的声音开始颤抖。我离开房间，猜测着他们是否理解了我的意思。不，他们没有，我通过这个判断出来：一分钟后，安迪歇斯底里地闯进来，有人"偷走"了他的新钢笔。

我想："我要怎么做？现在我没有力气处理这个。"大卫不知从哪里出现了，他胳膊挎着安迪，轻轻地说："现在不要打扰妈妈，来吧，我帮你找钢笔。"

我想："他是个多好的孩子啊！他听懂了我说的。我要是早些告诉孩子们就好了，也许下次有这种情况，我会先和他们打招呼。也许下次我可以提前提醒家人我的情绪变化，这样他们就会在风暴来临时保护自己。"

下一次情况出现在感恩节。早晨醒来，我看到泰德睡得很香。"真幸运，"我想，"他不用为感恩节的事烦心，今天要来22个亲戚，要给他们铺床、摆放餐桌、收拾浴室。"

一年前，我会克制想发疯的冲动，争做杂志上说的模范母亲——系着绣花围裙朝大家微笑、一只手摆弄火鸡，另一只手帮助吉尔搅拌越橘汁。（重要的是让孩子们觉得他们在参与。）

今天，我的唯一想法是"怎样保持冷静？"我套上旧牛仔裤，来到厨房，开始忙碌。我手里拿着很多调料，走向火鸡，这时，安迪和大卫出现在门口。安迪尖叫："别抢！让我来！"大卫推了他一把，叫道："你去年干了，轮到我了！"

时间紧迫，蜂王有危险！敌人靠近了。整个蜂巢受到了威胁！我召集起所有力量展开防御。我宣布："听着，你们两个。我像只大黄蜂一样发疯了，我最不想做的就是对准目标然后蜇人！我不想让任何人受到伤害！"

大卫说："如果我安安静静地，只按照你说的去做，可以留在这里吗？"

"是的。但是，如果你不希望好好配合的话，请走开。因为这里不安全！"

这个挑战对安迪来说难度太高了，他只好试探着问我："可是你保证过今年我来做！"我顾不得手里还拿着火鸡调料，抓过他的肩膀，把他推到门边，"出去！"然后押送着这个小破坏者到外面去。

令人振奋。我能够弄清自己的感觉，当自己和家人需要保护时保护他们，这需要怎样的力量啊！

吉尔放学回家，脸上挂着忍俊不禁的微笑。我说："嘿，有什么好玩的事吗？"

"嗯，"她说，"你知道罗宾吧，她觉得自己很了不起，午饭排队时，她总是插到我前面，说：'吉尔，你不介意我在你前面吧？拜托，我会是你最好的朋友。'我总是同意，甚至我不愿意的时候也同意——后来她问都不问我了，直接叫上她所有的朋友在她前面插队！

"可是今天，你知道我说了什么吗？我说，'不行，罗宾，我觉得我不喜欢你在我前面插队'。你知道她做了什么？她跑到队伍最后去了。"

我很惊奇，这个"坏罗宾"自打学期开始就欺负我的孩子，吉尔怎么知道如何保护自己的呢？

我知道答案了。是从我这里学会的！当然，虽然无法用科学来证明，我也毫不怀疑，她是跟我学的！几个月来，我一直坚持强调自己感觉的重要性，这给女儿作出了榜样。

吉尔从我新发现的力量中学到的东西，比一千堂长篇大论的演讲都要管用。

享受着充满母爱的自豪，我甚至有些嫉妒，吉尔8岁就明白的事情，我居然用了半辈子才学会。

第 *11* 章

如何面对负罪感

*孩子的需要和父母的需要冲突了怎么办?

*孩子的快乐不能建立在父母的痛苦之上。

*找能够倾听而不作出评判的人诉说。

*和自己对话。

*当孩子发现自己有能力触发父母的负罪感,
   就相当于给他(她)一颗原子弹。

对孩子的负罪感，有时如电闪雷鸣般袭
击你的心，让你沮丧至极。

在与讨论父母的感觉和保护它们的方法有关的所有课程中，凯瑟琳一直沉默地坐在那里。但是，透过她紧闭的嘴唇，你可以察觉她内心是想反驳的。终于，有一天，她决定一吐为快。

"吉诺特博士，我们一直在讨论父母的感觉，似乎自己生活在真空里一样！我们的孩子除了我们自己还能依靠谁！难道父母们可以自我放任，不再为孩子做些什么了吗？孩子全靠我们去关爱。我们不能屈从自己的感觉！为什么呢？如果一位母亲按照自己的真实感觉来，她会到了中午都不起床、从不给孩子换尿布，每次孩子一哭，就找根棒棒糖塞进他嘴里——只是因为她受不了噪音！如果父母都不照顾孩子的需要，那还有谁会？"

"凯瑟琳，"吉诺特博士说，"你的担心不是多余的。照顾孩子是父母的责任，特别是他们小时候。母亲可能想好好睡一觉，但是她不能，因为婴儿从凌晨到中午需要喝两瓶奶。如果一个只会爬的小孩儿累了，就得有人抱着。"

"不过，当孩子开始成熟，就不用立即满足他的所有需要了。如果还像以前那样，对他们并不好。作为父母，我们的工作是教育他们，一点一滴地来，包括推迟满足他的需要的时间。这可以帮助他成长。例如，一个5岁的孩子，需要帮他养成习惯，当他的母亲在超市排队时，他要等一会儿才能上厕所。母亲可以说：'我不能在排队的时候带你去厕所，所以，等交完钱之后，我们马上就去。'这样就可以教会他为了尊重周围的人的感受而忍耐暂时的不快。我们不希望孩子们一直像情绪化的小婴儿一样，我们希望他们有能力考虑到别人的感受。"

内尔看上去挺苦恼。"可是，吉诺特博士，"她说，"当孩子的需要和父母的需要冲突了怎么办？我是说……好吧，你知道的，肯尼斯实际上没什么朋友，他一直过得很孤独。昨天，一位邻居带来一只小狗，她无法再养它，就问我们是否愿意收养。你真应该看看肯尼斯当时的样子，他跪下来，抱起小狗，他那时的表情是我从未见过的——他把脸贴在小狗身上蹭着，然后抬起头对我说：'我们可以留下它吗？噢，求求你了，妈妈，可以吗？'"

"我非常想答应他，那小狗非常可爱，我知道它对肯尼斯的意义。但是，吉诺特博士，我对动物毛皮过敏，我会咳嗽。我只是不知道应该怎么办，他那么需要小狗，我想，干脆让他养着算了。"

吉诺特博士非常缓慢地说："内尔，孩子的快乐不能建立在父母的痛苦之上。这个代价对双方来说都是巨大的。父母付出的是健康和善意，而孩子会得到其他方式的惩罚。

"如果父母牺牲了某些东西满足了孩子，他会怎么想？他会说：'我逼我妈妈答应我养狗，我妈妈因为我而咳嗽生病，我是个可怕的人，我害怕！'

"内尔，当孩子看到我们因他们而受苦时，他们会主动觉得自己有责任，我们的痛苦给他们带来了负罪感和恐惧。

"现在，我们回到你最初提出的问题，当双方的需要冲突了怎么办。当我听到孩子说自己需要某样东西时，我就问自己：'这样东西是他需要的还是想要的？'要区分这两者并不总是那么容易。孩子有很多可以也应该被满足的真实需要，而他的欲望则是一个无底洞。例如，他想要和父母一起睡，而他需要睡在自己床上。圣诞节，他想要电视广告里的每一件玩具，而只需要其中的一两件而已。

"那么肯尼斯呢？他想要什么？一只小狗。内尔，他需要什么？"

内尔想了一会，试探着回答："我猜他真正需要的是一个朋友。"

"他需要你为他做的，"吉诺特博士说，"就是你帮助和支持他找到并交往一位朋友。"接着他转向大家，"如果你允许孩子看到你为了他而受苦，这对他没有任何帮助。你用自己的例子教他学会怎样不去保护自己，教会他软弱而不是坚强。"

我认真地听着。吉诺特博士说的父母带给孩子的"溺爱的惩罚"，曾经伴随我长大。而且不止我一个人有如此经历！我敢说，你在你家邻近的任何文化、任何种族的家庭中都会听到这样的话：

"你要是去的话，我会担心死的，但是如果这对你非常重要的话——去吧！"

"你把剩下的肉都吃了，亲爱的，你现在正在长身体，别管我，我会自己做点别的吃。"

"别担心你的学费，儿子，就算必须超时工作，我也会去。你只要专心学习就行了。"

这些父母想要的报答只是孩子的爱和感激。但是他们的孩子并不觉得感激，反而觉得恨。父母把属于自己的痛苦、烦恼和牺牲也带给了孩子，孩子根本承受不了。

我把这些记下来提醒自己。因为我一直觉得自己为了孩子受的苦与他们无关，我试着自愿为他们做事，而不是被迫——否则什么都不做。我意识到，与其给孩子增加负担，还不如什么都不做。

下一堂课上，罗斯林提出了一个问题，"我不知道为什么自己不高兴，但是确实是这样。彼得今早起晚了，急着出门，却找不到袜子，当他跟我要袜子时，我的脸变白了，因为我知道所有准备洗的衣物都泡在洗衣机里。我立刻说，'彼得，我有个办法，你可以借爸爸的袜子穿。'"

"他开始埋怨我从来不及时洗好衣服，他无法指望我什么的。我试图解释说自己最近很忙，但他不听。最后，他冲出了家门——迟到，而且没穿袜子。我觉得自己是个不称职的母亲。"

吉诺特博士悲哀地笑了一下："父母很容易就会有负罪感，不是吗？但是，让孩子知道他（她）有能力让我们有负罪感对他（她）并没有帮助。孩子会以为自己是控方律师，而父母则站在被告席上发抖。当孩子被允许这么对待自己的父母时，你认为他会有什么感觉？"

罗斯林想了一会，试着回答："愧疚……恐惧……似乎他是个可怕的人。"

"所有这些描述都符合。"吉诺特博士说。

罗斯林深深叹息道："我真的觉得自己是在帮他！……但是我仍然不知道还有什么其他事情可做。"

"我们过去讨论过孩子的真实需要，"吉诺特博士说。"彼得今天早晨需要的不是父母愧疚地解释，或是一个快速的解决方案。他需要机会锻炼自立，万事开头难，他需要自己解决问题。"

"那么，现在我们怎么帮助他满足这些真实需要？首先，如果他只想着找出这是谁的错的话，就无法建设性地思考。控诉和指责只会成为他的障碍。我们可以帮他忽略'究竟是谁的错'这种问题，如这样说：'儿子，准备干净袜子的责任在我。'这会让彼得更自在地思考解决方案。

"其次，我们通过承认他的问题有难度来帮助他。你可以说：'遇到这种情况，人们会怎么做呢？家里没有干袜子。真是进退两难！'通过认真地描述他的问题，我们向他表明，无论是什么在困扰他，都是值得谨慎考虑的。

"然后，罗斯林，就到了最难的部分。对你自己说：'**不要只想做点什么，袖手旁观便好**。'你知道，父母必须自愿地、安静地袖手旁观，等待孩子自己想办法，这是给他最大的帮助。"

海伦挥舞着手。"我的问题和罗斯林的类似。其实，我正在经历这件事。今天，学校里组织野餐，劳里提醒我去买罐装饮料、金枪鱼还有纸杯蛋糕。好吧，我忘记了。我忙于创作自己的新雕塑——《母与子》，却忽视了自己的孩子。今天早晨，劳里打开冰箱门，脸变白了。"

"'妈妈，'她哭道，'只有面包、蛋黄酱、番茄酱、芥末酱和一罐猫粮，我能带点什么？'

"你能想象出我是什么感觉！但我决定不要让劳里知道。我说，'亲爱的，给你买野餐食物是我的工作，但不知怎么我忘记了。现在我们遇到了困难，即使你到处翻找，我也不敢保证能找出什么。'

"她翻来翻去，终于发现一罐快要吃完的花生酱。她飞快地把花生酱抹在两片干面包中间，一边自己嘟囔着'连甜点也没有'，然后她跑上楼。回到厨房时，她得意地举着一根柠檬棒棒糖说：'看看我找到了什么！这是万圣节剩下的！'

"这难道不是非常果敢的举动吗？我确实帮了她，不是吗？我是指，我没有给她我的负罪感，我让她专注于解决问题——所以，我应该感觉不错……可是，我很难过。我只能想象着她坐在那儿，吃着可怜的午餐，其他孩子则享受着他们的母亲提前精心准备的食物。我可能毁了她一整天，今天下午等她回家，我甚至不知道该说什么。也许我会告诉她自己有多抱歉，可能还会试图补偿她。"

"海伦，"吉诺特博士说，"作为父母，我们无法避免产生负罪感，但是，我们可以对自己说：'我绝对不能让孩子知道我的愧疚，它太危险了——对每个人而言都是。'当孩子有触发父母负罪感的权力，就好比给他一颗原子弹。像罗斯林指出的那样，孩子会让父母为自己做的事情感到愧疚。你知道我们会对那些让我们觉得愧疚的人最终产生什么情感吗？是恨。当我们允许负罪感产生，同时也引发了恨。"

这些话听上去触动了李的神经。"这是真的！"她叫道，"你最后会恨那些让你觉得愧疚的人！我一直很喜欢我婆婆，她是个大块头、热心肠、独立的女人，但是，最近我不知道她遇到了什么事，她开始变得特别容易让你感觉惭愧。噢，不过她绝不会坦白地批评我，但她会这样说：'你知道最近我去看医生了，亲爱的，我觉得很想你。'或者'我喜欢和你多待一会，李，但是我知道你很忙，我理解你。'

"我猜我做得并不太好，但是我发现自己最近老躲着她。无论她什么时候在场，我说的话基本都是道歉的内容，甚至都不敢接她的电话。你知道，我过去从没有这种想法，但是负罪感就像毒药一样——不是吗？你看不到也闻不到它，但是，当它渗进了人际关系中，两个人之间的那些温暖和友好的联系都会慢慢枯萎死亡。"

海伦一直盯着李，她向前倾身而坐。"用毒药形容很贴切！"她宣布。"它不仅破坏关系，甚至即使只有一点儿的剂量，就能改变你的性格。你会突然发现自己的言行很陌生。拿今天早晨来说吧，劳里走了之后，我非常惭愧，我能想到的只有等她回来时如何对她道歉。她说我'马虎'和'健忘'，这让我很是心烦，我说不定会当面同意她的说法。这可不像我！"

海伦转向吉诺特博士，"你能看出事情的发展趋势吗？我可能会因为她让我感到愧疚而生气，她可能会因此而讨厌自己。我们两人最后会互相讨厌。好了，今天下午她回家时我不会道歉了！实际上，如果她敢张嘴指责我，我可以打她。"

大家都笑起来。

"这可没那么好笑，"海伦说，"我还是不知道下午她回家我该怎么说。"

"首先，"吉诺特博士说，"你不要先引出这个话题。也许早晨的事情到了下午就不了了之了，甚至可能坏事变成了好事：她说不定用棒棒糖换了一只鸡蛋，或者别的孩子邀请劳里共享果汁。也许她还能交到新朋友！

"其次，海伦，我们选择的时候不应该那么匆忙。除了暴力或者道歉，还有很多更有效的方式。例如，我们可以根据自己的情绪选择下面这些话：

劳里，当我指责别人的时候，我无法帮助他们，实际上，我甚至都不会听他们说什么。

不要指责，劳里！如果你有什么建议，可以写下来，这样会让我考虑它们！

亲爱的，跟我说说你多么失望和生气，告诉我你的感觉。

这样我就知道它们到了什么程度，然后我再作出回应。

"你看，海伦，我们有很多办法解除孩子的'武装'并教育他们，与此同时，我们自己也学会了如何处理对方的抱怨。告诉我，你认为我说的有道理吗？"

海伦从笔记本上抬起头来。"我尽量写得和你说的一样快，"她微笑着说，"还有，我保证在今天结束前使用这些话。我想，最让我高兴的是，这样做让我在和一个8岁的孩子打交道时不伤害任何人。但是……"她停下来。

"还有什么问题吗？"

"是的！事实是，我应该今天给她准备好东西的，这让我觉得很歉疚。"

"现在，"吉诺特博士说，"问题是：怎样对待负罪感？同样地，海伦，你有很多选择。我们可以告诉别人——朋友、丈夫、我们的小组、牧师、拉比、神父、心理医生——任何能够倾听而不作出评判的人。

"我们还可以和自己对话。告诉自己：'我可以自己克服负罪感，不用孩子的帮助。我不需要他们的宽恕，我不需要听一个小孩子说：我原谅你，妈妈。对我来说，什么都比不上下次我做得好一些。'"

伊芙琳看上去不太确定。"我不知道自己是否完全理解了，吉诺特博士。有些事即使已经过去了我还在思索。我想知道你会怎么做。有天晚上，我的丈夫马蒂放下书，站起来去找水喝。他一出去，我的两个儿子就去抢他的椅子，马蒂回来时，儿子们拒绝把椅子还给他，他们觉得自己没有理由这么干，'为什么爸爸就应该占着最好的椅子？就因为他年纪大？这不公平！孩子也有权利！'"

"我想：'喔，他们有自己的想法。那把椅子确实是最舒服的。'马蒂一边把他们拉开，一边说：'年纪大就要有一定的特权。当你们有了孩子，也可以有自己的特权！'孩子们只是眨着眼睛。然后马蒂坐回椅子上，说：'如果孩子们不让你有特权，我告诉你们应该怎么做！'两个孩子都倾身听着，'命令他们！'马蒂说，'然后你就可以得到特权了！'

"对我来说马蒂对孩子们有点粗暴，但是我现在不那么肯定了。"

吉诺特博士问："你现在怎么想的？"

"我觉得他也许做得正确，"伊芙琳回答，"根据你刚才说的，如果孩子们让马蒂因为坐在自己的椅子上而有愧疚感，那么对孩子并不好。"

吉诺特博士点点头。"你丈夫给孩子们上了有价值的一课。重要的是，我们都应该明白，作为父母，我们没有对孩子解释自己行为的责任。这不意味着孩子们不会故意使我们产生负罪感，但是，我们最好学着马蒂的样子，不要上钩。他们问：'为什么你一个人去度假？为什么你不带着我们？'或者'为什么妈妈不回去上班？那样我们就会有更多的钱。'或者'为什么我不能有新照相机？你刚买了一辆新汽车。'

"我们不能总是给孩子解释或者为自己辩护——甚至在脆弱的时候也不行。作为父母，我们必须作出一些决定来体现成年人最佳的判断力。作决定的过程没有必要让孩子加入，也无需他们评价。我们可以告诉他们：'我听见你说的了。但是，这与你无关。这些事应该由妈妈和爸爸决定。'当父母清楚自己有什么权利时，他们就会知道负罪感是一种不正确的反应，这样才能帮助孩子更坚强并认识现实。"

回家的路上，我一直在思考这堂课。我们真的能通过不告诉孩子自己的愧疚而让他变得更坚强吗？我想起好几年前的一个冬天，下着雪，大卫让我开车带他去离家5个街区远的幼儿园，但是我还要送两个更小的孩子，车里也装不下，所以我让大卫自己想办法。

他出门的那一刻，风开始怒吼，我既难过又愧疚。对我来说，那天的下午过得特别慢。他回家的第一句话就是问："妈妈，你为什么不开车送我？我迟到了。风把我往回刮，我走走停停，还靠在树上。"

听到这些，我几乎难过死，我想搂着他说："噢，可怜的孩子！你妈妈太可怕了。"

但是我没这么做，我说："哇哦！你真了不起！在这么大的风里走了那么远的路，这需要毅力！一个6岁的孩子，竟然有亚伯拉罕·林肯的精神！"

我很满意自己的话，因为大卫看上去非常自豪。回想往事，我又有了新的发现。如果当时我告诉他我很愧疚，他就会变得软弱，为自己感到抱歉，还会控制我。相反地，对于他的勇气，我给了他我的敬佩，这使他明白自己是坚强的，他就有能力克服困难。

可以思考的还有很多……可以仔细琢磨的那些不熟悉的概念也有很多，而且，我也会创造出自己的理论。

第 12 章

寻找更人性化的方法来表达愤怒

*言辞有时像刀一样锋利，有些话会留下
　永久的伤疤。

*简洁带来权威，只有弱者才反复强调。

*找出不带侮辱性质的语言。

*只有在不发火的时候，我们才是慈爱、沉稳、
　有经验的父母。

把那些不耐烦的情绪丢到天边，找到表达愤怒的途径，你就是慈爱沉稳的父母。

1. 内心的野兽

吉诺特博士朝着坐在他右边的那位有魅力的年轻女士示意。"女士们，"他说，"我们今天下午有一位客人——班尼特夫人。她是一家全国性杂志的记者，准备写一篇有关我们的报道。"

我想，"我们还真是荣幸！太自以为是了！看看她，坐在那儿，一副高高在上的样子，这个陌生人，完全不了解我们的学习内容，怎么能听完一堂课之后就能写出什么报道——也许只会用轻描淡写的几段话来描述我们几年来的努力！好吧，今天下午就可以看看她到底是怎么回事了。"

每个学员都比平时更健谈、更机敏。我们提出的问题似乎都可以难住所罗门那样的智者。我们甚至回忆起过去的很多经典事例，发挥得非常好。

课程结束后，班尼特夫人礼貌地感谢了我们："这非常令人享受，"她说，"但是，我发现，你们面对的最大问题是如何对待自己的愤怒，对不对？"

我们愣住了。如果她听完我们讨论的所有内容后，这是唯一的评论，那么说明我们没有给她留下什么深刻印象。

有几个人立刻讨论道：

罗斯林：我不会那么说的！我的意思是，愤怒是个问题，但肯定不是我们最大的问题。

伊芙琳：当然我只能代表自己的看法，不过，我得说，在处理子女间争执的问题上，对我来说困难更大。

海伦坐直身子，用她最文雅的措辞说道："班尼特夫人，我们在这里讨论的内容涉及各种人类情感。显然，处理愤怒从来不是件容易的事，不过，单独挑出一种情感，说它是'最大的问题'恐怕是以偏概全。如果你再来拜访我们，也许就会发现愤怒只是组成所有情感的一个小部分罢了。"

班尼特夫人在她的慷慨陈词之下退缩了。

回家的路上，我们讨论着刚才的事。班尼特夫人根本没理解，"太年轻了，"我们总结道，"也许还没有小孩。"然后我们把她忘在了脑后。

下一周。刚把孩子们送出家门，我就听见电话响了。是海伦。她的声音挺紧张："孩子们都走了吗？"

"怎么了？发生了什么事？"我问。

"事情来得突然，"她说，"比利只穿着运动鞋就跑到屋外，他已经病了一个星期了，外面地上还有泥巴和积雪，我很生气，但是还是控制着自己。我非常镇静地说：'比利，你的靴子。'他说，'我不需要，小婴儿才穿靴子。'"

"我忍不住朝他咆哮起来。'你是怎么回事？你是傻还是故意想再生一次病？就因为几个四年级的白痴小孩认为靴子过时了吗？今年冬天你不想去学校了吗？'

"我把靴子扔到他脚边。他用最大的声音尖叫道，'我恨你！'我扇了他一巴掌。他嚎叫道，'我的耳朵！我的耳朵！'然后我发现他的脸上和耳朵上出现了我的红手印。"

"噢，不！"我嘟囔着。（我回想起上周大卫和我之间发生的可怕事故。我非常想告诉海伦那件事，但是欲言又止。）

"等等——还有，"她说，"接着他跑到浴室，一边照镜子一边哭，'看看你对我做了什么！我要到学校里给每个人看你做的好事！'"

够了。我决定把事情告诉她。"最近我对大卫也做了一件不光彩的事。"

"你打他了？"海伦满怀希望地问。

"更糟，"我说，"我叫他'老鼠大王。'"

"我感觉好些了，"海伦叹了口气。"至少我不是唯一一个。大卫做了什么才得到这个称号？"

"这就是奇怪之处。我甚至不知道他做了什么，是我想象的他做了什么。我听见安迪的声音从浴室传来，'大卫——住手！'我本来想去看看，后来决定不去了，我不会插手，我让他们自己解决。接着我听见安迪又叫起来，这次听起来似乎有人想勒死他，还有大卫兴高采烈的笑声。我狂怒地冲进去，揪着大卫的领子把他拖出房间，'你知道你是什么吗？你是只老鼠！你不是我儿子，因为你一定有一个老鼠妈妈！'然后我把他推到一边。突然之间，他看上去是那么的小——垂头丧气的。从那时开始我就不得安宁，我不知道为什么要那样说，我只知道当时我无法控制自己。这是最可怕的地方。似乎有两个我——一个在滔滔不绝地说着恶毒的语言，另一个站在一边看——就像某些无奈的傻瓜。"

海伦沉默了一会。然后带着怀疑的语气说："珍，你意识到我们在谈什么吗？我们说的这些事证明，我们仍然无法在愤怒时控制自己。今早我打了比利耳光，上周你故意地辱骂大卫。为什么？因为孩子没穿靴子？因为他戏弄弟弟？我不知道……我开始想，我们在小组学的东西并不重要，因为到时候什么知识都不管用。而且，她发现了这一点。"

"谁发现了？"

"那个记者。她马上就发现了——我们无法处理自己的愤怒。但是我们急着展示自己，甚至没有考虑过她的评论。如果我今天见到她，我会说，'班尼特夫人，你是个很有洞察力的人，我们确实有问题。在不发火的时候，我们才是慈爱、沉稳、有经验的父母。接着，砰！所有文明的面具都被撕了下来，我们又变回了野蛮人。'"

我悲观地接着海伦的思路说下去。"为什么要沾沾自喜呢？我们对孩子的反应甚至可以说是进化史的倒退。我记得书上记载过一个实验，观察被激怒的老鼠和猴子的反应，科学家电击它们，时不时地敲它们的头，想出各种办法来折磨它们。"

"发生了什么？"海伦问。

"那些可怜的动物互相打起来——咬、撕、抓——有时会把对方弄死。看起来，当动物的愤怒达到了一定程度——沮丧到一定程度——就会发生一定的生理变化，使它们通过互相伤害和破坏才能得到满足。"

"你的意思是，"海伦说，"当孩子们让我们愤怒，我们的行为就像动物？我们会攻击他们，是为了获得生理的满足？那样的话，我们就没希望了！"

小组再次见面时，我们对吉诺特博士讲了这个可怕的想法。他似乎挺感兴趣，但仍旧泰然自若。"是真的，"他说，"当我们被激怒时，确实想攻击。但是，我们不是猴子也不是老鼠。我们是人类。作为人类，我们有选择，可以采纳人类的方法——通过文明的手段——表达我们的野蛮感觉。"

"那可不容易。"海伦说。

"做人从来都不容易。"吉诺特博士回答。"总会有挣扎。你知道什么时候能停止挣扎吗？你死的那天。我们最好能了解自己内心深处的东西。保护自己不受到那些没有意识到自身潜在的残忍、野蛮和兽性倾向的人的伤害。"

海伦的脸红了。"我知道自己的潜在倾向，"她说，"我上周打了比利。"

"看你说的！"凯瑟琳笑了，"你好像把自己描述成了一个罪犯。打孩子屁股算什么呢？我发现有时非常有效。"

"凯瑟琳，"吉诺特博士说，"如果你发现有什么办法对你有效——那不错！不过我希望得到其他回答。我很清楚，打孩子可能会让他服从，但是，我不会愚弄自己。我知道每次我打他，就是在告诉他：'当你生气时——会打人！'不幸的是，我从来不知道哪个常挨打的孩子成为了更有爱心的人。"

"我刚才没有说清楚，吉诺特博士，"海伦说，"我不仅打了比利一下。我们先是吵架，关于他穿不穿靴子，最后以我打了他耳光结束。最讽刺的是，在吵架前两秒钟，我还对自己说：'我不会为了一双靴子小题大做的。我要控制自己，冷静地讲道理。'"

吉诺特博士扬起眉毛。"我们什么时候说过，父母在怒不可遏的时候一定要冷静地说话？这么想不但不会控制愤怒，还会将怒火在短时间内爆发出来。在愤怒的时候试图有耐心，就像是一只脚踩着刹车，另一只脚却踩着油门一样。你不会这样虐待你的汽车吧？所以，对你自己好一点，就像爱护你的汽车一样。"

伊芙琳自我挖苦地笑了一下。"我想知道你说的是不是我的问题——试着有耐心。我只知道，当我最终决定爆发出来时……好吧，我不会打人，但是我会说一些非常恶毒的话。我不确定我的话是否比打耳光更伤人。"

吉诺特博士点点头。"言辞有时像刀子一样锋利，有些话甚至会留下永久的伤疤。这就是为什么没有侮辱的愤怒是我们文明的人类与非人类之间的区别。我们仍然没有获得所有解答，寻找更新、更人性化的方法来表达愤怒这种古老而强大的感情需要付出一生的努力。"

"如果那样，"海伦说，"我最好从现在就开始寻找。吉诺特博士，我们今天可不可以花点时间，让大家说说他们有什么处理愤怒的特别办法呢，我觉得这可能对我有帮助。"

"我来告诉你我一直是怎么做的。"内尔慢慢地说，"肯尼斯在起居室玩球，我在后面追他，愤怒地告诉他不要打碎昂贵的灯具，我赚钱很辛苦，我希望他能尊重我的劳动成果。我说的他一句都听不进去，所以我觉得自己可能解释得不到位。接着，某一天我听到吉诺特博士说：'**简洁才能带来权威，只有弱者才反复强调。**'"

"那天对我很有意义。再一次抓到肯尼斯在屋里玩球的时候，我非常坚决地说：'肯尼斯，我的规矩是：球是在外面玩的！'他一定是被我的变化镇住了，因为他只是看着我，拍了一下球，然后跑出去了。"

海伦很感兴趣地听着。"我喜欢那样，"她说，"去掉所有没用的废话，直接切中主题：我的规矩是……"

"你知道什么帮了我吗，海伦？"罗斯林说，"我曾经在每次孩子惹我生气的时候都会威胁他们。后来，在这里的一堂课上，我们讨论了如何用给出选择代替威胁。我回到家就试了试，必须承认，非常有效。例如，当我看到孩子在屋里玩球，就说：'你有一个选择。你可以到外面去玩或者干脆不玩。你来选。' 当然不会总是管用，不过总比告诉孩子爸爸回来之后要惩罚他们强多了。"

李看上去似乎等不及罗斯林讲完就说："如果你想谈谈愤怒，海伦，那么我可能就是最有经验的。"她说。"我很容易生气。我丈夫说，我会先大喊大叫然后才思考。但是，我正在改变。我仍然会大喊大叫，这就是我；但是，现在我不会指责孩子，我会喊出希望他们记住的东西。

"比如，上次暴风雪之后，我发现大儿子用雪球打小儿子，小儿子立刻哭起来。如果在以前的话，我会使劲喊：'住手！你这个恶霸！找个和你一样大的人欺负去！'这次，我对自己说：'等一会，我要把所有愤怒转化成有用的东西。你知道，就像把水能转化成电能一样。那么，我希望他们知道什么？还有，我怎么用简单的语言描述自己的想法？'当我想好之后，就推开门喊道：'只有双方同意的时候才能扔雪球玩！'

"大儿子喊回来：'什么是双方同意？'

"'两个人都同意做一件事。'我回答。

"'不过，我不同意。'小儿子说。

"'好吧，我们停下来。'大儿子说。事情就是这样。"

"你创造了一个很有趣的概念，李。"吉诺特博士说，"孩子在家呆的时间很少，在走进现实世界之前要学的东西却很多。如果父母能够控制愤怒产生的力量，并加以利用的话——不是为了侮辱——而是给孩子传递信息和价值，这对孩子将是莫大的帮助。"

剩下的课时我们讨论了如何采用其他方法表达自己的愤怒，同时又对孩子有帮助。离开的时候，我一直沉默着。我很高兴海伦可以开车送我，这让我有时间思考。海伦一直在说，我还没开过口。

为什么不说话呢？是否因为我仍然在回想和大卫的争吵？因为每个人听起来都很有自信？

那么在整堂课上一直折磨着我的是什么东西呢？是恐惧？恐惧对我轻声耳语："没有用，你和别人情况完全不同，没有任何技巧可以帮助你解决大卫的问题，你那天早晨对他感到的愤怒不会因为嘴上说几句话就能处理，没有什么能够控制像毒药一般的暴怒。有时，有些人就是不能成功！"

控制……我试着回想吉诺特博士说的有关控制的话。我是否努力控制过自己？如果那天早晨我能暂时忍耐，不是责怪大卫，而是对安迪喊'你让我很生气！'的话，事情是否会有改观？至于海伦，如果她没有告诉自己对比利保持冷静呢，会不会通过合理地释放愤怒情绪而避免突然的爆发？

但是，我无法迅速或者轻易地想出不带侮辱性质的愤怒语言。（爱的语言，是的。表扬别人和表示亲热的时候我却很擅长。）这是不是问题所在？我的一部分愤怒是否不仅是由事情本身引起的，而且还与我无法恰当表达愤怒有关？如果我能自如运用那些既能表达愤怒又不伤害人的语言——我的愤怒是否就不会带来很大的影响？我也不会在攻击了自己的孩子之后遭受负罪感和羞愧的折磨？

我做了当天的第一个深呼吸，告诉海伦我们明天早晨有事情做。我们应该弄明白、写下来、找出并记住至少50种表达愤怒的方式。

如果我们找到表达愤怒的恰当语言，就可以永久性地消除怒火爆发的危险。

2. 能够恰当代表情绪的信息

第二天早晨，计划正式开始。我们坐在厨房餐桌边，手握削尖的铅笔和大开本的拍纸簿，我们的目标很明确：找出不带侮辱性质的、能够表达愤怒的语言。

我们需要的是设想一个能够引起愤怒的场景，比如"被忽视的宠物"。假设父母给孩子买了一只宠物，孩子在体验了喂猫、遛狗或者清理鱼缸的新鲜感和兴奋之后，兴趣慢慢变淡，而父母除了要承担各种家务，还要负责照顾宠物，他们成为宠物能够活下去的唯一保证——这是很常见的现象。

就在上周，我走过鸟笼的时候，发现孩子们的宠物金丝雀——乔治，坐在一堆脱落的羽毛上，在一只空食物碟里疯狂地啄食残渣。我气疯了，咬牙切齿地告诉孩子们：你们是残酷、卑鄙、不负责任的人；你们不配拥有宠物。也许我应该不给他们做晚饭，这样他们就能体验挨饿的滋味。

现在，我在厨房中平静地坐着，没有孩子们前来分心。海伦和我准备写下所有可以适当表达愤怒的语言。（无论什么说法都比我们原来使用的要好。）

我们一起分析自己愤怒感觉的变化过程，从稍有不满到极端愤慨，然后分别找出恰当的、"不带侮辱性质的"语言表达这些情绪。为了将我们的想法形象化和有序化，我们决定使用下面的格式。我们将描述父母的情绪、他们向自己传达的信息，然后给出能够同时表达情绪和信息的语言实例。下面就是我们写下的内容。

让我们假定，一开始，父母（以我为例）的心情不错。她愉快地走进房间，瞥见被忽视的金丝雀。她的情绪改变了——些许地。

情绪：轻度烦躁

本质信息

孩子就是孩子。他们索取，还会继续索取，在以后的很多年里都这样——他们往往需要相同的东西。作为父母，我的一部分工作就是指引和提醒他们。

语言

（一）手势

手势可以起到立竿见影的良好效果，还会省去父母发表言论的必要。

a) 我可以指着空食物碟。

b) 我可以把食物碟从笼子里取下来，把它交给一个孩子。

（二）通知

通知是与孩子交流的有力手段，特别是附有"爱你们的 妈妈"的时候。

a) 十万火急！小鸟出事了！谁可以救他？

b) 谜语：什么东西是黄色的、唱起歌来像小鸟、需要饱餐一顿？请猜谜并解决问题。

c)（这一条不算很巧妙，但是同样有效）乔治需要喂食！马上！

（三）简单的描述性语言

这些内容属于"牛奶洒出来了"一类，通过描述而不是命令，我邀请孩子负起责任。

a) 乔治看上去饿了。

b) 乔治在空碟子里啄来啄去。

（四）　重复简单的描述性语言

如果你第一次发出的信息被忽视了，那么这么做就很容易使描述性语言变成长篇大论的解释和指责。但是，如果我的情绪仍然能控制，我又想好了措辞得当的说法，就可以平静地重复以下内容：

a) 乔治看上去饿了。

b) 乔治在空碟子里啄来啄去。

（五）　邀请孩子想出解决办法

为了产生持久的效果，最好是请孩子参与想出解决办法的过程。无论他们想出什么方案——有些可能非常不靠谱——特别是绞尽脑汁才想出来的，至少可以试试。他们非常想看到自己的办法见效。（即使无效，他们也可以随后修改。）

"孩子们，有件事让我烦心。我需要你们的帮助，当乔治第一次到咱们家时，大家按时喂他。现在，我注意到因为你们在学校和训练方面的压力，乔治经常吃不饱。你们认为自己能制定出一份大家都同意的喂食计划，在晚饭后给我看一下吗？"（这里成功的关键是这个措辞"大家都同意"。）

情绪：不安易怒

本质信息

现在我开始困扰了，所以我最好有建设性地发泄出一部分烦恼。

语言

（一） 表达我的感觉的有力宣言

这里，我们可以用基本的"我在生气"句式，或者加以扩展和创新。

a) 我刚才经过鸟笼，被自己看到的情景惊呆了！

b) 我既生气又失望。孩子们发誓说要忠实地照顾自己的宠物！

c)（这条宣言甚至可以增加孩子的词汇量。）"我处于沮丧、郁闷、厌恶、不快的状态！"（你还可以加上"失去信心"和"不安"，但是这么做也可能有些过度。）

（二） 表达我的价值观的有力宣言

在我提高声音的同时，我可能说出了一些值得记住的话。

a) 宠物需要照顾！

b) 当动物依赖我们时，我们不能让他失望！

（三） 表达我的期望的有力宣言

a) 我希望在这个家里孩子们可以照顾他们的宠物，满足它的需要。

b) 我相信，我的孩子可以采取必要手段不让宠物受罪。

（四） 简短宣言

简短宣言可以使愤怒的父母大声、尖锐、简短有力地表达自己。同时，还能告诉孩子他们可以自己考虑应该怎么做。

a) 大卫，小鸟！

b) 吉尔，鸟食！

c) 安迪，碟子！

情绪：恶劣！

我想把他们从自鸣得意中摇醒，让他们有些担忧。

本质信息

我想咆哮，"如果我数到三，你不喂那只鸟的话，我会———！"但是我不会这么做的。（我知道事实上威胁孩子对他们来说会刺激他们偏要做禁止的事情，这样他们就可以知道父母到底是不是说到做到。我不想走进这个陷阱。还有其他方法达到我的目的。）

语言

（一）选择

"孩子们，你们有选择权。第一：你们现在就喂鸟。第二：你们来应付一位生气的妈妈。选哪一项？"

（二）警告

"孩子们，你们很幸运，因为你们有3分钟的时间把鸟食装进小鸟的食物碟，在我的感觉控制我之前。"

（三）用"一旦……就……"代替"如果你不……"

"一旦喂完了乔治，你们就可以看自己最喜欢的电视节目。现在我没有心情让你们看。"

情绪：狂怒！

提醒多次后，小鸟还是没有喂。我想惩罚、报复、伤害别人。我除了看到空食物碟，仿佛还看到了昨天绊倒我的书包、前天我亲自从车道上推下来的自行车、所有我曾经替孩子们收拾的玩具、鞋子和拼图碎块，因为我已经懒得叮嘱他们自己收拾了。

本质信息

我准备释放自己的愤怒，但不会破坏什么。

语言

（一）"当我"句式的宣言

当一个人暴跳如雷时，就想用这样的句子"你是……"然后加上一长串抨击。这时可以用的不伤人的句式就是"当我……"，然后加上描述我的见闻和感觉的语言。让话语切中肯綮！

a）"当我一次又一次要求大家喂小鸟时，你们仍然忽视我，我开始失去理智了！我现在只能顾及自己的感觉了——替你们做事，我觉得很愤怒！"

b）"当我看到一只无助的小生物因为被人忽视而受罪时，我怒不可遏！我想打你们每一个人，把小鸟送给会照顾好他的人。现在，最好别让我看见你们，因为我接下来不会对自己的言行负责！"

上面是迄今为止我和海伦总结出来的内容。还有没有更好的方式呢？可以更容易地引导孩子的行为？我们目前还没发现。

我们重新读了一遍，觉得对自己写下的东西满意。唯一的问题是：当我们真的生气时，会发生什么？我们会不会在怒火中烧时突然想出更为有效的表达方式，同时还不会羞辱孩子？

我们必须在实践中检验。

3. 当言辞不管用的时候

我征求了大家的意见，由我来开始这堂课的发言。首先，我讲述了促使我和海伦进行探索和研究的事件和感受，然后我读了我们写的东西。读完之后，吉诺特博士点头道："珍妮特，如果自我控制是你的目标之一，那么在我看来你走对了方向。我们用越多的方式表达愤怒，就越有机会进行自我控制。这也说明了为什么我们越想压抑怒火却越有可能爆发。

"但是，你们不仅实现了这个目标，还近乎成为了点石成金的炼金术士，把伤害性的言行转化为最有帮助的东西，不会造成破坏。你们表达愤怒的方法在我听来非常丰富多变！你们向大家证明了父母不必非要凭借指责和体罚才能解决问题。"

"我不想无事生非，"凯瑟琳说，"可是在我看来，如果在我家出现了类似情况，我又到了非常愤怒的阶段——说自己想把鸟笼子砸碎，把小鸟送人，孩子们却依旧不理我，我会觉得自己像个傻瓜。"

"你的担心不无道理，"吉诺特博士说，"不能一遍一遍地强调却没有效果。这对父母和孩子都不好。"

"过去我从没设想过这种情况，"伊芙琳说，"但如果是真的，那么父母在言辞无效的时候该怎么做呢？"

"我有时对孩子们苦口婆心地教育，几乎是喊破嗓子——告诉他们应该怎么做、表达自己的感觉、描述问题、试着理解他们的感受——但是大部分情况下，他们甚至连看都不看你，似乎我在对着墙壁说话。我不知道……有时我认为自己管不了自己的孩子，似乎是他们在管我。"

"他们总有一天会说了算的，"吉诺特博士说，"除非他们觉察出你是说到做到的。你知道你比他们强势，没有必要忍受不可接受的行为，如果孩子们知道在你的言辞背后有着实际行动的支持，这对他们有好处。"

伊芙琳似乎想起了什么。"但是，吉诺特博士，"她反驳道，"我想你是反对惩罚的。"

"你说得对，伊芙琳，"他说，"我是反对。在用爱联结起来的关系中，没有惩罚的位置。你能想象出如果你丈夫因为你没有及时准备晚餐而惩罚你，会发生什么吗？但是我刚才没有说惩罚，我说的是行动。除非孩子明白我们准备采取行动来捍卫我们的价值观、贯彻我们的规矩，否则我们的言辞就是毫无意义的。如果我对孩子说：'你在屋里玩球打扰了我，你要么到外面去玩，要么别玩。你来选择。'这时我最好做好准备，如果他不听，我就把球拿走。我可以一边拿走球一边说：'吉米，我知道你已经作出了选择。'

"你们能听懂我的意思吧？你们能否看出我的意图是制止孩子的错误行为，同时还要维护他的自尊？请注意，我没有报复、没有质疑孩子的品质、甚至不想给他什么教训。但是，通过拿走球，我用夸张的方式表现出我对自己的重视——我的感觉不能被人忽视。"

伊芙琳看起来迷惑不解。"但是，这跟珍妮特的问题有什么联系呢？假如她真的因为小鸟的事情生气，假如她真的试过所有自己写下的方法却毫无成效，她又能采取什么行动？至于说把小鸟送走——这也太残酷了。"

"残酷是对谁而言的？"吉诺特博士问。"在我看来，父母允许自己每天都被同样的问题折磨才是真正的残酷。另外，重要的是我们的态度。我们不会说：'好的，你这是活该，也许现在该接受教训了！'不，即使不得不夺走孩子的宠物，我们仍然可以从我们的感觉和价值观出发与他们交流。'孩子们，'我们可以说，'我发现自己再也无法眼看着一条小生命在咱们家遭罪，我面临两种选择：继续养着它、继续生气或者把宠物送人，做一个快乐的妈妈——你们知道我会怎么选的。'"

伊芙琳显然还是挺苦恼："如果他们不停地哭闹呢？"

"我可没有说，当我们采取行动时，孩子们应该大度地接受。任何一个有感情的孩子，都会抗议和抱怨。当他这么做时，我可以说：'你希望我们留着金丝雀，他给我们带来了很多欢乐，但是他需要呆在能得到合适照顾的地方。'"

伊芙琳还是不解："但是，如果他们恳求你再给一次机会怎么办？"

"再一次机会！"凯瑟琳爆发了，"他们已经得到无数次机会了！"

"孩子们应该得到多次机会，"吉诺特博士说，"你知道吗？"他微笑着，"当他们用完这些机会之后……还应该再得到一次机会。我们可以温柔地对孩子说：'现在不行。现在不是讨论再养一只金丝雀的好时机。等过一个月或者六个星期我们再讨论这个，看看那时我们是怎么想的。'"

伊芙琳想了一会。"理智上讲，我能接受你说的全部内容，但是当我试着想象自己实际去做时，就意识到我做不到。我能够预见整个过程——孩子们歇斯底里、悲伤不已，我则成了坏人——那个让他们不快乐的人。我受不了。"

"伊芙琳，父母的责任不在于让孩子快乐，而是为他们的性格负责。我们只顾关心孩子是否快乐，这样对他们没好处。如果我们允许他们虐待动物，这样会使他们形成什么样的价值观？你知道'不'这个词背后可以蕴含着爱吗？你知道当我们采取行动制止孩子的错误行为，我们是在为他们服务吗？另外，我们还教会他们，作为成年人，应该捍卫自己的信仰。"

我环视四周，除了苦苦思索的伊芙琳，大家都在狂热地记笔记。他们似乎总嫌自己写得不够快。

我没有做笔记，我的头脑中旋转着各种新的想法和旧的记忆。几年前，我还没有小孩的时候，在梅西百货看到了令我惊讶的一幕：一位女士带着儿子，母亲在咆哮——咬牙切齿。

"不管你喜不喜欢，都得买下那件夹克衫！"

那个男孩，面色苍白，公然违抗道："我不干。你不能命令我。"

"噢，是的，我可以。"

"我不会穿的！"

那位母亲的脖子上青筋毕露，眼睛眯成一条缝。"你还想让我惩罚你，对吗？你还没受够，对吗？好吧，我会拿走你的自行车。这就是你想要的吗？我猜光没收你的零用钱、不让你看电视还不够！"

上面这一刻在我记忆中留下了烙印。孩子的表情充满了仇恨——他的眼睛冒着火，"我会报复你的。"那位母亲，气急败坏——身陷自己的言辞织成的大网之中。她要么必须说到做到，要么就是用谎话吓唬人。

那时，我曾经发誓，当我有了孩子，绝不会惩罚他们。我绝对不能困在负罪感和惩罚的漩涡里无法自拔——无论自己多么希望惩罚孩子。也许这也是我狠不下心送走小鸟的原因！即使这件事是我的设想，对我来说，这样做无异于自己惩罚自己。

但是，现在吉诺特博士告诉了我们父母既可以采取强硬行动，又可以帮助孩子的方法。我们可以采取行动，不是出于惩罚，不是报复孩子，而是制止他们的过分行为。我们既可以显示强硬，同时又能体现关切。

今天我发现了一些十分重要的东西——但是我不知道怎样才能应用它们。我在笔记本上写道：不要惩罚——要行动！

4. 行动及其限度

我等待着采取"行动"的机会。孩子们不总是配合你的想法。过去的几天里，他们一反常态地特别听话——甚至互相之间也很和睦。但是，他们不可能一直保持下去。一天下午，机会来敲门了——实际上，它是在砸门。

大卫正在欺负吉尔和安迪——戏弄他们，把他们弄哭。我做了几次尝试，想让他表现得好一些，但是以失败告终，所以得采取行动。对我来说，我准备采取的行动非常恰当，不会带来惩罚，同时又能制止孩子的行为。

我很满意自己的做法，急于告诉小组成员我处理这件事的每个细节。但是，下一堂课开始时，实际上每个人都举起了手希望发言。

海伦建议大家抽签，但是伊芙琳从座位上站起来，要求第一个发言。过去她总是犹豫不决、愁眉不展地把自己形容为"棉花糖"——伊芙琳，她曾经最怕的是站起来用坚定不移的语调说："我做到了。我采取了行动。我是王者！"

我们都笑了。"告诉我们吧。"吉诺特博士说。

"事情发生在我们上次聚会的第二天。我和双胞胎儿子们在鞋店，店里人很多。突然，孩子们拿着量尺对打起来——他们决定玩战争游戏。我制止了这个游戏，他们就开始绕着试鞋的凳子互相追逐。平时我会小声说：'我觉得很丢人。'然后请求售货员赶快过来。这次我没这么做。这次我分别抓住他俩的胳膊，坚决地说：'店里的人受到了打扰！现在，你们必须选择。第一：安静地坐着。第二：我们离开。你们选吧。'他们听话了大约30秒，然后又闹起来。我觉得自己开始犹豫。我站起来，穿上大衣，说：'我看到你们作出了选择，我们走吧。'接着我走出商店，他们跟着我跑，哭着要把我拽回去：'可是你说过要给我们买新运动鞋。'

"'是的，'我回答，'我会的——当你们作好安静等待的准备时。'

"'我们现在就可以安静地等着。'他们同时表态。

"然后我借用了你的话，吉诺特博士。我说：'我现在不想答应你们。'然后就发动了汽车。你觉得怎么样？"

"重点是，"吉诺特博士说，"你觉得怎么样？"

"我喜欢这件事，"伊芙琳说，"我觉得很强大……很有威严，他们即使哭着求我也没用。我甚至不介意这个周末再去一次鞋店。"

大家还没有开始对伊芙琳的重大转变发表看法，海伦就宣布："还有一位得到解放的女士希望出庭作证。伊芙琳，这个星期我和你有着相同的心路历程。实际上，我把事情写下来了。"

然后她读道：

11月3日，星期五。早晨，我睁开眼睛，紧张地想："比利今天能赶上校车吗？还是又得让我开车送他上学？"虽然每天早晨我都会这么想，但我已经知道了问题的答案。通常的结果是，一个小时之内，我会坐在方向盘后面，在睡袍外面罩上一件大衣，头上还带着卷发夹，生怕自己开车时汽油用完或者被警察叫住。

这个学期开始的时候，我想，也许我对比利的宽容养成了他磨蹭的习惯。但是每次和他谈话后，我都会觉得一切顺利，他喜欢自己的老师、课题和朋友们。

听见比利走出房间，我就告诉他我的感觉：我很不愿意成为他的闹钟和司机——我希望他自己制定起床计划，以便准时赶上校车。

过后的几天里，他确实作出了努力，但是，我发现自己慢慢地又开始重复以前的行为。

比利，8点15了，校车8点半就发车了。

比利，8点20了，你还没穿袜子。

比利，你想让我给你整理书包吗？你只剩5分钟了。

比利，我快急死了！8点29了，你还在玩棒球卡片！

比利，我很生气！校车开走了。快上车。

海伦放下手里的纸。"上节课，吉诺特博士，你说不能让某些情况一再发生，因为这对父母和孩子都不好。每天早晨我不但自己会发疯，比利也不会正视迟到的问题。他能准时到达已经成了我的责任而不是他的。"

"但是，如果我不开车送他，比利就没法去学校。无论如何，一英里对一个小孩来说是一段长路，而且还有几个危险的十字路口。我和丈夫讨论过这个问题，他半开玩笑地说：'也许下次你应该把他塞进一辆出租车，让他用自己的零花钱付车费。'杰克也许是在开玩笑，但是这个主意吸引了我。"

海伦拿起纸来，继续读下去：

当天晚上，我告诉比利，不得不开车送他去学校，会让我既紧张又生气，所以，我再也不会这么做了。如果他下次再错过校车，我们就叫一辆出租车——不过第一次我会付车费。

他听着，但是我认为没听进去，因为他只是说："好，好，好。"然后离开了。

第二天早晨，我醒来的时候觉得如释重负。我看着时间走过了8点15、8点20、8点29，却不打算告诉比利他没有时间了。大约8点35的时候，比利才从漫画书中抬起头来，注意到了钟表的时间。

他说："嘿，妈妈，我错过了校车，你得开车送我了。"

我告诉他："比利，昨天我说过，从今开始，如果你错过校车，我们就叫出租车。"我走到电话旁边，他在我拨号时拉着我的胳膊："可是，我不想一个人坐出租车！"

"唔，我可以理解。"我说。

他继续抱怨着，直到出租车停在门口——但是他上了车。从那以后，他再也没迟到过！其实，第三天早晨他就开始催促我了。他说："妈妈，你准备好我的午饭了吗，我不想再坐什么出租车了。"

海伦抬起头，突然有些不确定："你觉得我做得是不是挺过分？虽然确实收到了效果？我姐姐觉得我太刻薄了。"

"听你讲的时候，海伦，"吉诺特博士说，"我对自己说：'这是一位意识到自己有变成擦脚垫的危险的母亲，她找到了进行彻底改变的力量，发现了一种具有创造性的办法，可以同时保护她自己和她的孩子'。"

我想，"这就是了，对吗？除非你采取行动，否则世界上的所有言辞都是废话，你也就真的变成了擦脚垫——总是很有用，但是谁会听一只擦脚垫唠唠叨叨？"我大声说道，"我也有个经历，通过它我发现自己光靠说没有用，最后还是要采取行动。不过我得面对一位听众——我的隔壁邻居。

"我和邻居站在车道上，互相寒暄着，这时安迪跑过来：'大卫不让我玩秋千，他说爸爸是给他买的。'我的邻居迅速看我一眼。我非常镇静地说：'告诉大卫，妈妈说在我们家秋千是给大家一起分享的。'

"我又转向邻居。她继续讲她儿子是如何被耶鲁大学录取的。接着，吉尔哭着出现了，'大卫推了我！'她抽泣道。邻居热切地盯着我。'我讨厌她，'我想，'她的孩子去了耶鲁，而我的孩子却还在迷恋秋千。'

"我一只胳膊搂着吉尔说，'你不喜欢被人推，对吧？告诉大卫，规矩是：不能推人！如果他觉得生气，可以说出来。'吉尔不哭了，她思索了一下我的话，跑走了。过了一会儿，安迪又出现了，这次他在哭，'大卫打了我。'他哀叫道。

"我被激怒了。不管什么邻居了！我不在乎她怎么想。一想到家里最小的孩子受到了欺负，我就怒不可遏，我想过去揍那个小恶霸，直到他求饶为止。复仇！

"好吧，这就是我想做的，但是，我想尝试的新方法怎么办——得采取行动制止错误行为，还不能伤害孩子。在这件事上我该如何操作？邻居盯着我，我又怎么能思考？

"我向她道了个歉，然后来到秋千那里，说：'大卫，到屋里来！'我用手抓着他的肩膀，往房子里拖。

"'我没使劲打他。'大卫抗议。

"'进来！'

"'但是那不公平！'

"'谁跟你讲公平了？'我回答，'我在讲我的感觉。我强烈认为你应该和弟弟妹妹分开，直到你想出更好的方式和他们玩为止。'"

"哇哦！"伊芙琳赞许地喊道，"你一次都没羞辱大卫，而且还表达了你的愤怒。也许这就是我们一直在寻找的东西。看起来会一直有效——对我们每个人而言。"

"不要太快下结论，"吉诺特博士说，"思考着珍的行动时，我总是觉得大家会把某种特定技巧视为万用灵药。人际关系不可能总是那么简单。告诉我，大家还有谁有过类似的正面经历？你们用了什么办法扭转了局面？我们不要被成功的故事限制住，欢迎你们提出质疑。"

"好吧，我讨厌泼冷水，"罗斯林说，"但是我认为你得承认，在有些情况下，孩子会让你无法采取任何行动——他们最后会逃脱罪责。"

有几个人让她举个例子。

"好的，就在上星期天，我们全家准备去我母亲家吃晚餐。我催促大家快点，因为如果迟到，我母亲会很不高兴。她总是分秒不差地在固定时间吃晚饭。我们刚要走，6岁的儿子就脱下了他的鞋，无论怎么劝他都不愿把鞋穿上。他想让妈妈给他穿。我还没穿好衣服，所以其他孩子想帮他——但他把他们踢到一边。我丈夫则坐在车里不停地按喇叭。

"噢，我希望马上采取行动。我想把他留在家里，但是在星期天下午2点，我去哪找保姆看孩子？所以，我只好跪下来，给他穿鞋，而他每天上学时都会自己穿鞋。"

"我非常理解你的意思，罗斯林，在和孩子打交道时，我们常会遇到自己的选择有限的情况。但是，如果我们回顾一下基本原则，通常会发现自己没有必要妥协。我们的基本原则之一就是在孩子面前建立权威。除了为他们服务，我们还可以向他们展示我们不高兴的一面。例如，'儿子，我不喜欢帮你穿鞋，可是我非做不可，这让我很生气。'"

"孩子会迅速发现，自己的胜利是以牺牲父母的善意为代价的，是虚伪的胜利。"吉诺特博士说。"母亲的不认可会像重物一样压在孩子心上，使他做什么都索然无味。祖母可能给孩子烤了他最喜欢的蛋糕，但是对他来说蛋糕也不再香甜。"

一阵长时间的、若有所思的沉默。然后伊芙琳说："好吧，也许是这样，但是，如果我告诉孩子我不高兴了，他的第一个反应是对我说：'你不爱我了！'怎么办？"

吉诺特博士朝着一个想象中的孩子皱眉头，然后严厉地说："现在不是讨论爱的时候！现在是穿上鞋的时候。现在是不要让祖母一直等着我们的时候！过会上了车，我们会讨论爱。"

"我明白了，"伊芙琳点头称是，"你不让他分散你的注意力或者让你觉得愧疚。你坚持做必须去做的事情。"

"如果我们在讨论如何处理紧急情况，"李说，"那就让我说说，我非常信赖团队精神，虽然有很多事我一个人就能完成，但是我也需要帮助。比如，昨天晚上，我在做饭，杰森在敲鼓，我让他吃完饭再玩，因为那个声音让我心烦。他不但没停下，还说：'噢，什么都会让你心烦，你老了，去买副耳塞吧。'

"我气得想杀了他，我问自己：'我能采取什么行动？把鼓拿走？它们太沉了。把杰森赶走？他也太沉了。'我不知道如何是好。这时，我丈夫，上帝保佑他，旋风般地从卧室冲进厨房，从杰森手里夺过鼓槌，吼道：'我听见了，我不喜欢这声音！你妈妈说了：'吃完饭再敲！'"

吉诺特博士赞成道："这是一个父亲该做的——保护妻子不受孩子的伤害，也以另一种方式告诉孩子我们不会对自己爱的人受到骚扰这种情况坐视不理——无论是身体还是言语上的骚扰。"

又是一阵沉默。接着，新来的小组成员玛丽举起了手。"我一定是做错了什么，"她说，"这个星期我采取了行动，但是似乎不起作用。乔迪刚满4岁，他的祖父母给他买了一辆很棒的消防车玩具作为生日礼物。他很喜欢它，我觉得如果我同意的话，他会钻进去睡觉。唯一的麻烦是，他的房间越来越乱。我不在意那些划痕，但是我不喜欢墙上的洞。他的娱乐方式是按着喇叭，开车朝墙上撞，同时叫道：'起火啦！'

"通常我会说他是个坏孩子，然后没收消防车来惩罚他。但是这次我决定使用在这里学到的方法。所以我告诉他：'乔迪，我不喜欢墙上的洞，你得作个重要决定，要么开车时离墙远一点，要么别在屋里玩消防车。现在你去想一会儿，然后告诉我你是怎么选的。'

"乔迪立刻说：'我知道了，我想玩消防车，我会小心的。'

"他确实小心了——坚持了半小时。'管用了。'我想。接着我觉得墙又震了，我气坏了，对自己说：'我得让这孩子从此记住！我要采取行动。'我来到他房间，把他从座位上拖起来，他又踢又叫。然后我把消防车推进自己房间，锁上门。当他有点冷静下来，就责怪我说：'你拿走了我的消防车，它不是你的，是我的。'

"我非常平静地说：'我不喜欢墙上的洞。'到那时为止我没采取过任何惩罚意味的行动。我做了自己觉得唯一能够制止他的事情。但是那天晚上，当我把消防车还给他时，他又开始撞墙，我不知道该怎么办。"

　　"玛丽，"吉诺特博士叹息道，"如果我们知道什么办法能让孩子'从此记住'的话，那么真应该把这种办法写出来出版，寄给全世界的父母。不过我们不知道。当父母对自己说'我要从此结束这孩子的错误行为'时，他就已经失败了。孩子不会'从此记住'，他们通过'一次又一次地反复'来记住。

　　"但是，不要觉得你的行动没有帮助。有帮助。你可以试试别的方法。也许可以通过想象给孩子现实中你无法给他的东西。比如你可以说：'乔迪，我敢打赌，你希望住在墙上带衬垫的房子里，这样就可以开着消防车随便乱撞了。'

　　"如果这样没作用，也许可以在他房间设置一个路牌，上面写着：减速慢行——前方有墙。或许能打动他。"吉诺特博士笑了，"你看，当他上幼儿园时，会比其他小孩多认识4个单词。但是，最好还是告诉乔迪问题所在，让他自己想办法解决。如果这些建议都不奏效，那么只好限制消防车的使用范围，只能到外面玩。

　　"我的观点是，行动不是'最终'解决方案，只是临时措施——是我们的研讨班使用的多种工具之一。说它有价值，确实，但是不能不加辨别随意使用。木匠不会使用大锤子固定图钉，因为他用拇指的力量向下压就够了。

　　"请注意，玛丽，我讲的重点不是服从，而是促使孩子合作的过程。让乔迪远离墙壁不用大费周章就可以办到，你可以打他、骂他、惩罚他，这样他永远都不敢碰你的墙。但是，乔迪内心会发生什么变化？他会恨自己，希望你死，最严重的是，他会因为自己这么想而有负罪感。这就是为什么我一直关注寻找人性化的解决之道的原因。"

　　"我想我理解你的话，"凯瑟琳说，语气严肃，"其实我可能正开始这么做。上节课结束后，我的内心起了变化，那天我把听到的每件事一下子联系到一起，帮我打开了思路——珍和海伦关于愤怒的研究、你对惩罚和行动的区别的评论。我想，它们也许会永远改变我和黛安之间的关系。

"我还没怎么谈论过黛安的情况。你们听到的大部分是我的小一些的孩子的情况。这是有原因的，我曾经觉得我在这儿学到的东西和黛安联系不上，她非常目中无人、非常叛逆。'不'这个词对她没有任何意义。她自己制定规矩，甚至我最简单、最合理的要求也会被她恶意地拒绝。

"最近，我觉得她因为自己是个青少年了，比以前还要恶劣。她逼我太甚。最后，除了惩罚她，我别无选择，其他方法都无法给她留下什么印象，甚至惩罚也只能暂时制止她。我从不喜欢惩罚，它和你对孩子的教育是相悖的，但是我丈夫思想比较老派，当我试着运用在这儿学到的东西时，他会不耐烦。他说我太放纵黛安了，但是我没有。我惩罚她的次数够多了，因为我看不出还有什么别的选择。

"不过，上节课我总结出一套完整的方法，在某种程度上我知道事情会发生改观。

"当天晚上，黛安又像往常那样犯了老毛病。她在公园里溜冰溜了一下午，晚上7点才回家，还满嘴理由。（这是两周里的第二次了。）幸好他父亲不在家，否则他可能狠狠地收拾她。

"我非常想帮她改好。我希望在一个月内禁止她使用电话、不让她和任何一个朋友见面！接着我发现这是个恶性循环：黛安犯了错，我惩罚她，她又去做更大的错事来报复我；我惩罚得更厉害，她就毫不留情地回敬我，周而复始地循环！

"无论付出什么代价我都不想回到原来的老路。'我快要愁得发疯了！'我叫道，'你知道晚上在公园里一个小女孩会遇上什么事吗？我在房间里坐立不安地等了两个小时，我已经做好报警的准备了！'

"她开始找理由，但是我制止了她。'如果我现在听你的理由，只会更生气，明天早晨再说吧。无论如何，我很高兴看到你回来。现在，晚安！'我离开了房间……这对你来说可能不算什么，但对我来说是很大的变化。

"半小时之后，她漫不经心地走进来，似乎什么也没发生过。她很快活地说道：'妈妈，我需要新的卷发夹，药房还没打烊，你能开车送我去吗？'

"我考虑了一会她的要求，然后摇摇头。

"'噢，妈妈！'她轻蔑地说。'因为今晚的事？太荒唐了。没有人袭击我，不是吗？问题是你自己喜欢小题大做。'

"我很平静地说，'晚上公园不安全。'

"她脸色大变，'所以你这是在惩罚我，对吗？我猜你也不会让爸爸带我去商店。'

"'你爸爸怎么做是他的事。'我回答，'如果他愿意带你，我不会拦着他……我不能。我还是很生气。'

"她进一步试探我，'我猜你不会让我明天带个朋友过来，对吗？'

"'那和这件事无关。'我说，这是我的真心话。

"还发生了其他一些事——每次我都觉得某些东西已经产生了变化。我们之间的敌意似乎在慢慢融化。一天，发生了最奇怪的事情。她借我的太阳镜去戴，结果给弄丢了，我告诉她我生气了时，她站起来挑衅地说：'好了，你难道不准备惩罚我吗？你打算怎么对我？'她差点就把我逼回老路。有好一阵子我不知道该说什么。我慢慢地组织好语言：'黛安，我认为惩罚不是重点，而是你能明白我的感觉，而且同样重要的是我得明白你的感觉。太阳镜丢了，我觉得很生气，我认为你可能也希望立刻把它还给我。'

"她看了我一眼，感觉非常……我猜用最恰当的词来描述就是'友好'，我不知道从这时起发生了什么，但是我确实知道自己再也不想回到以前那样了。

"凯瑟琳，"吉诺特博士说，"我非常敬佩你的努力。我觉得你运用了我们在这里讨论的很多原则——来和一个难管教的孩子打交道。

"你从惩罚的死胡同里走出来，建立了一种开放的、以互相尊重对方的感觉为基础的关系。"

他转向大家："你们看，当我们惩罚孩子时，他们就不会正视自己的问题。有人会说：'但是如果不惩罚，你就会让他逃脱罪责。'事实恰好与这种说法相反，惩罚孩子才会使他轻易逃脱罪责，他会认为自己已经赎了罪、服了刑，所以他又可以随意重复自己的错误了。

"实际上，从一个做了错事的孩子身上，我们需要什么呢？我们希望他扪心自问，经历一番挣扎，情感上受到历练，开始为自己的人生负起一定的责任。

凯瑟琳热切地听着，点着头："我还要提到一点。我认为，当父母停止惩罚，也会对他们自己有益处。这么多年来，我第一次发现自己不再对黛安有那么多负罪感。我曾经违心地给她买并不需要的衣服或者带她到各处去——只想弥补自己施加给她的过分惩罚。现在，我觉得可以更从容地拒绝她，我发现自己甚至可以不加解释地对她说'不'。"

又是一阵长时间的沉默。"我……我不是很想说这件事，"内尔说，声音几乎听不见，"大家都做得很好……我却相反……但是我必须承认自己失败了一次。我的意思是说——我采取了行动——真的——但是当我需要坚持原则时，却变得软弱了。"

我们都佩服地看着内尔，我们知道她能讲出来就需要很大的勇气。

她继续说："肯尼斯电视看得太多了，我很生气，所以决定限制他每天只能看一小时。我想一个小时都很多了，但是肯尼斯却觉得自己的权利被剥夺了。他总是企图多看15分钟或者20分钟——这把我惹火了。我责备过他多次，但是有一天当我走进门，发现他还坐在电视前，几乎看了3个小时。我决定不再和他商量了，他做得太过分了。今后要严格执行只能看一个小时电视的规矩。

"第二天晚上我做好了准备。我把时间精确到分钟，当他的时间用完后，我走进房间，把电视关掉。

"'今晚不能再看了，肯尼斯。'

"'可是妈妈……'他哀怨地说，'今晚有一个关于鲸鱼的特别节目。'

"'噢，亲爱的，'我想，'怎么偏偏是今天晚上！他喜欢看鲸鱼的节目，我也喜欢和他一起看。但是我得管住他。'

"我看着他期待的脸，束手无策。接着我发现自己开口了：'肯尼斯，虽然我没忘记昨天发生了什么……但我决定允许你今晚看电视！'你知道他做了什么吗？他拿起我的手亲了一下。"

"告诉我，内尔，"吉诺特博士问，"为什么你觉得自己失败了？"

"我知道自己很矛盾，我猜肯尼斯早就知道他妈妈性格软弱，他认为下次可以利用我这一点。"

解放父母 解放孩子

"对于孩子，我从不担心下次。我们是有权决定孩子下次能做什么和不能做什么的人……依我看，内尔，你没有失败。你觉得需要和孩子共享一个美好的时刻，这比坚持规矩重要。你相信自己内心的声音。当我们听从这个声音，而不是坚持一成不变的死板规矩时，我们通常不会犯什么大错。我们大可以通过这样说来表现自己不是不通情理：'我又想了一下……''我重新考虑过了……'或者'今晚我们破一次例。'"

我边听边想："我是个特例，没人和我一样：吉诺特博士一直在强调人性化的方式，要下决心不能使用过去的落后方式——在最动摇的时候也不要体罚、惩罚、威胁或者侮辱孩子。"

今天我听到的内容都属于人之常情，恐怕没有任何一位母亲会报复孩子。（"你哭是因为没得到运动鞋？很好！我很高兴。也许你现在学到了教训！"）

她们也不会与孩子"针锋相对"。（"你认为打弟弟是对的，大卫？好吧，你现在要挨打了。"）

她们也不会骗人。（"乔迪，拿走你的消防车，我比你还难受。"）

她们不会把孩子的错误归因于他的性格缺陷。（"这么说你弄丢了我的太阳镜？我并不吃惊，你总是粗心大意。"）

她们不会反应过度。（"你是自己找的，黛安。如果再迟到，下个月就不准溜冰了。"）

她们不会牵扯进不相关的事情。（"错过了校车，比利，你就不能得到零花钱。"）

除了上面这些伤人的陈词滥调，我了解了那些没有破坏性、真诚、巧妙的表达方式——根据不同情况有所变化的语言。

我了解了能够制止错误行为，同时又给孩子反思、改变和成长机会的做法。

突然我很想回到家人身边。

5. 我们仍然会爆发

我知道了很多东西，并为自己学到的每一样东西高兴。我每天都会尽量地了解全家人的感觉，时刻注意运用我的技巧。

举一个典型的例子。早晨，我醒来时听到泰德在用电动剃须刀刮胡子，孩子们在热切地聊天。"我是个幸福的女人，"我想，"有可爱的丈夫和孩子。"

我困倦地走进厨房，甚至没有在意脚底下踩着玉米片的声音，为什么要无事生非呢？我愉快地问候孩子们："早上好！"然后递给大卫扫帚、给吉尔簸箕、为泰德倒了一杯果汁。桌上的黏糊糊的手指印都没使我生气。"快点，华生，在爸爸进来前消灭证据！"我说，给安迪一块海绵。大家一边开着玩笑一边飞快地忙着，我想："多么了不起的母亲！多么了不起的孩子！我们是多么快乐的一家人！真可惜没人过来看看这一幕！"

然后出现了第一个矛盾——第一场冲突——第一次指责——孩子们一下子变得不那么可爱了。又过了一会，孩子们为了一点小事争执起来——看着这一切你都受不了——有人撞倒了杯子，泰德的果汁洒到桌子上。

突然，我发现自己像变了一个人。在15秒内，我变成了一位四面交困的母亲，丈夫抱怨他的早餐没有果汁，还有孩子们！这些恶心的小坏蛋，就是一群野蛮人。刚才温馨可爱的一幕完全消失了。（我甚至都想不起来了。）现在我只有攻击别人的冲动！我想同时敲他们的头——但是，我知道这样会有什么后果。

现在是揭示真相的时刻。我只能施展自己的技巧，有很多选择：我可以描述问题；帮助孩子自己想出解决方案；大声说出我的感觉；写一条通知；让他们选择；采取行动等等。有很多可能性。

我也具备能力。

情况很理想，简直不像是真的。

我有点怀疑。不过，也许如果我坚持下去，就不会被狂暴的情绪所主宰——不会屈服于尖叫、歇斯底里、攻击指责、发疯。我会打败愤怒，最终得到自由！

我谨慎地过着日子，极力避免发生严重的冲突。无论出现什么情况，我都能控制住。下一次上课时，有人介绍了他们的新技巧是如何奇迹般地消除了家中的敌意的。"我们得到了答案，"我胜利地想，"巴斯卡尔发现了炭疽疫苗、索尔克解决了脊髓灰质炎、我们发现了消灭家庭矛盾爆发的公式。"

我陷入了短暂的幻想。我仿佛来到了瑞典，走上诺贝尔奖的领奖台——代表我们小组——接受第一次为表彰彻底消灭家庭暴力而颁发的诺贝尔和平奖。我庄重而热情地向显赫的听众们发表演讲，告诉他们这个公式虽然有些复杂、难以掌握，但一定有效。全世界的父母都可以学习这个公式，谁知道它将为世界和平带来怎样的贡献呢？谢谢……热烈的掌声！

幻想之后是冷酷的现实。我惊愕地发现，我们不再自我感觉良好——每次都因为不同的原因受到打击。似乎有些特定事件会暂时让我们不知所措——有些特定的情况会超出我们的技巧的控制极限，超出我们的忍耐范围，让我们失去理智，毁掉自己信仰和努力去实现的一切。

在回城里的车上，海伦告诉我她面临的严峻考验。她郁闷地嘟囔着，说不知道自己为什么还要去上课，既然她无法应用学到的东西。然后，她不情愿地谈起今天早晨的烦心事。她说，丈夫每天工作到很晚，一直都很累，这让她担心了很长时间。今天早晨，他看上去非常疲惫，她劝他换个工作。她的建议让杰克很不高兴，他把咖啡杯一摔，叫道："该死，你真能唠叨！别再操纵我的生活了！"然后走掉了——他的早餐原封不动留在桌上。

她还在生比利的气。比利走进厨房，掰开她为他特地做的三明治，"呃！"他似乎被恶心到了。"还是以前那些臭香肠！你从没给我做点好吃的。别人的妈妈都会给孩子做好吃的。"

海伦说似乎有什么东西在她心里断裂开来，"别跟我说别人的妈妈。"她咬牙切齿地说，"如果你对我不满意，那就找别人做妈妈吧，也不是每个人都愿意要你。我不在乎你吃不吃，你如果饿着的话说不定有好处！"

比利把三明治扔到地板上，踹开门，一边哭一边朝学校跑去。

海伦说，后来她一个人坐在厨房里，盯着地上的香肠和面包，自己的声音在脑中一遍遍回响："不是每个人都愿意要你"……"我不在乎你吃不吃。"还有杰克的声音，"别再操纵我的生活。"她说她觉得自己是个唠叨的妻子、恶劣的母亲——彻头彻尾的失败者。

还有一次，曾经因为自己和黛安的关系变好而兴奋不已的凯瑟琳，垂头丧气地告诉我们发生了什么。

她说，过去几周里，黛安一直在抱怨她"恶毒"的法语老师和数学老师，说他们"恨"她。凯瑟琳同情地听了一会，然后怀疑这可能是黛安的想象。人家为什么要恨她？但是，她内心深处还是为女儿担心的。黛安是不是又遇到了困难？这难道会引起新问题吗？也许她的学业负担太重了。

接着，学校里发来了警告通知，黛安"对功课没有准备"……"不专心"……"不努力"。

凯瑟琳立刻给学校打电话，和两位老师见了面。他们向她保证，黛安是个聪明的女孩，学习起来游刃有余。凯瑟琳感觉好了一点，她回到家，告诉黛安说她一直在误解别人。实际上她的老师对她的评价很高，所以她应该更努力。

一个月后，成绩报告下来了，黛安不仅在数学和法语方面表现不好，还有了新问题，"持续扰乱课堂。"

凯瑟琳气坏了，"什么方法不方法的，见鬼去吧！"她对自己说。"我一直努力克制着不去说早就想说的话。现在，我要让她知道——直截了当地。"她告诉黛安，她是个不知感恩的淘气包，利用了两位尽全力帮助她的老师，自己已经不对她抱希望了，任她自生自灭吧。黛安冷冷地看了她一眼，然后离开了房间。

凯瑟琳愤怒地跟了出去，朝女儿咆哮："别以为你可以不理睬我！你会后悔的。别以为我不会告诉你爸爸这一切。下个月你别想和朋友玩了！"

凯瑟琳说，那时候她觉得自己的反应很正常，是黛安自找的，不是吗？好吧，也许太过坦率了。

然后她陷入了巨大的悔恨，"我做了什么？我用了30秒毁掉了一直在努力建设和维护的关系。"

我既同情又抱着客观的兴趣倾听着大家的讲述。我为他们的遭遇感到抱歉，但是后果是很容易预见的。

似乎每次矛盾的爆发都有特定的导火索。首先是焦虑，先是发生一件或者一连串事故，接着父母会变得恐惧。如果你被恐惧征服，就很难施展什么技巧。

　　凯瑟琳的焦虑让她失去控制，因为害怕女儿学业失败的恐惧让她忽视自己的技巧。所以最终的爆发几乎无可避免。她一直没有注意过黛安的感觉，然后建议黛安更加努力，把问题搞得更复杂——这是没有自信的做法。这样做不会有什么改观。

　　第二个能够引起矛盾爆发的因素通常与孩子没有主要关系。外界的导火索可能会引起过度的反应，海伦和杰克的争吵使她发泄到孩子身上，在平时，她可以轻松地处理比利的抱怨。她可以说："嘿，我不喜欢被人和其他人的妈妈作比较，如果你不满意三明治，应该就事论事，只讨论三明治的问题！"

　　我觉得在某种程度上自己是不可能失败的，在我看来，即使有压力，如焦虑、外部的紧张因素等，我也知道怎么做。但是我从没想过第三类麻烦：对一直存在的、从未解决的问题作出近乎疯狂的反应。比如，对李来说就是："他又弄丢了牙托。"对玛丽是："他又跑到街上去了。"对我而言则是："他又欺负弟弟了。"

　　我看见大卫朝安迪扔剪刀，差点打中他的眼睛，我立刻发疯了。

　　我一边责备大卫一边打他，然后把他扔到床上，朝他尖叫："你想干什么？杀了你弟弟吗？把他的眼睛戳出来吗？谁在你身边都不安全。你是个怪物！"我突然觉得拇指很疼，它肿起来了，变成紫色，我一定是在打他的时候弄破了血管。

　　走出大卫房间，我呆呆地站在那里，"我是怎么了？"我想。"我怎么能那样做？太野蛮了。也许大卫会原谅我，但我怎么能原谅自己？我还是个伪君子！我几乎能改变世界，却依然不能改变自己。"

所以，我们都回到了原来的怪圈：攻击、懊悔、愧疚。失望透顶的我心想："一点用处都没有，这是巨大的浪费——浪费时间和精力。我一直在跑，骗自己已经取得了进步，最后发现自己在绕圈子——又回到那些愤怒、疯狂的猴子和老鼠的境地。"

我曾经付出多少努力想要摆脱这种境地！研究"被忽视的宠物"这样的案例、观察和分析自己的语言和感觉、检查自己的行为、分析每个人的反应，甚至有种鬼鬼祟祟的感觉。

但是，更糟的是我的恐惧。我害怕自己对孩子的自尊造成了不可弥补的伤害；我害怕大卫再也不会信任我；虽然我非常想恢复原来的关系，却害怕自己不知该怎么去做。

我一面希望冲进大卫的房间，请求他原谅；另一面希望向他强调乱扔尖利的物体有什么样的危险。我知道这两种想法都只能让事情更坏，所以我什么都没做，而是慢慢走到信箱那里，虽然我并不需要寄信。

6. 返回之路

我一边走，内心一边对话。

"事情为什么会发生？"

"因为兄弟打架。"

"但是，为什么都是大卫欺负别人？"

"他嫉妒。昨天，他走进屋里，发现我在拥抱安迪时，面有愠色。这难道是他用剪子扔安迪的原因？"

"也许没那么复杂，也许安迪惹了他，安迪经常变得很烦人。"

"但是大卫应该处理得更好。"

"为什么？"

"因为他个子高，年纪也大。"

"你又来了，又在比较孩子们的年龄，想想吧，如果你是大卫，身为最大的孩子会有什么感觉？如果有个弟弟总是缠着你，你的妈妈总是希望你爱护弟弟，你会怎么想？"

"我会同情自己……生妈妈的气……对弟弟不好。我会想伤害他。"

"假设你最后真的伤害了他，然后你妈妈抓住了你怎么办？如果你妈妈叫你怪物，还打了你怎么办？"

"好吧，我明白了。但是我现在怎么做？我能做什么？"

"你说'我能怎么做'是什么意思？大卫怎么办？他负有什么责任？

"他扔了剪子，他应该承担这个行为的后果。你应该处理这件事。"

我觉得自己的力量又回来了，现在我又能面对儿子了。我不知道应该说什么，但是没关系。我的方向很明确：我会认真地听大卫说话，然后我再表达自己的看法，坚定地——严厉地，如果有必要的话。但是，不会再有辱骂，也不会卑躬屈膝地道歉。

散步回来，我去敲大卫房间的门，没有动静，我把门推开，看见大卫脸朝下趴在床上。我在他身边坐下，"你现在能听我说话了吗，大卫？"

他很小声地回应了一下。

"我认为今天发生的事对你的伤害很大——包括心理和身体上的。"

"你没有必要打我，"他对着枕头嘟囔着，"你可以告诉我就行了。"

"这个办法应该比较好。"

"那你为什么还打我？"

"我认为你知道，大卫。我认为你知道发生的事情超过了我忍耐的限度。"

"安迪也让我超出了忍耐的限度。"

"你觉得他做得很过分——有时他会一直缠着你，直到真的惹怒你为止。"

"你说得对！他就是这样！那么我该怎么做？当那个爱管闲事的小孩乱翻我的抽屉时，我傻乎乎地站在那儿？"

"这非常令人恼火——你弟弟翻你的抽屉。"

"你不是在开玩笑吧！你总是让我告诉他我有多生气，但有时候不管用。唯一能制止那个小偷的办法是照着他的喉咙来上一拳。"

"大卫，那样做我们不同意。我可以理解你想制止安迪——甚至有必要的话用你的拳头——但是，用暴力？照着他喉咙来一拳？扔剪子？噢，不！"

我站起身，大声对他说："在我们家，不允许伤害人。严格禁止！孩子们不能互相伤害！"

大卫又把脸埋进枕头，"你不爱我。"他嘟囔着。

我不屈不挠，"我在乎你！我在乎你是个什么样的人！我期盼着你不用暴力就解决你和弟弟的问题。如果你发现想不出和平解决的办法，可以告诉我或爸爸，我们会帮助你的。"

大卫翻了个身，盯着我。"那没有用，你总是帮着安迪。你更喜欢他。"

"你是这么看的吗？"

"看起来就是这样。事实就是这样。"

我思索了很长时间，然后慢慢地说："我来告诉你我是怎么看的。对我来说，我的每一个孩子都是独特的、不可替代的；我猜这就是我爱你们每个人的原因。虽然不会完全一样，但是我爱你们的方式不同。比如，世界上还有谁能像我的儿子大卫，有他那样的微笑、他的思想、他的感觉——或者他的雀斑？"

大卫看起来挺高兴，但是不想表现出来。他轻蔑地问："谁会喜欢雀斑？"

"我喜欢。因为那是你的一部分。"

就是这样。事情解决了。我又成为了大卫的理智的母亲，感觉很好。

海伦也想和孩子恢复关系，她的处境跟我有些许相似之处。经过开始的悔恨自责之后，她最关心的是应不应该一点一点地把破碎的部分拼接起来。

显然，能够在车上倾诉她的难题、我又不会评价她或者告诉她怎么做，这对海伦很重要。

她说，下午一回到家，她就想给杰克打电话，把事情平息下来。但是，她决定不这么做。说的话已经够多了，她想，杰克真正需要的是减轻一些压力。今晚，她会帮助孩子们做家庭作业，还会送他们上床睡觉。

想通之后，她让比利到她房间去，他闷闷不乐地走进来。

"比利，关于今早发生的事，我想了很多，我们非常生对方的气，不是吗？"

"你朝我大喊大叫了。"比利说。

"是的，我知道。但是，我认为也许我们都学到了什么。我发现我的儿子不喜欢香肠三明治，你发现如果别人以某种特定方式对你的妈妈说话时，她会气得发疯。"

"我说了什么，能有那么坏的效果？"

"比利，如果你想从某个人那里要什么东西，攻击他可不是什么好办法；最好用他们能听进去的方式和对方交流。"

比利不服气，"那么，我该怎么对你说？'求求你，亲爱的妈妈，我亲吻你的脚，请不要再给我香肠三明治了，女王陛下。'"

海伦微笑着说，"这不是不可能。还有一种说法，'妈妈，如果做香肠三明治以外的三明治，会不会很麻烦？我已经吃腻香肠三明治了。'如果听到这样的话，比利，我就愿意帮助你。"

比利若有所思地咬着手指，"可是，我不想总是说你想让我说的话。"

"我知道，"海伦说，"那么你可能愿意把你的建议写下来给我看。"

"不，"他说，"这样做太蠢了。现在我得走了，妈妈，吉米在等着我。"

"好吧，"海伦想，"虽然没有成功，但是我们至少又可以商量了。也许下次他会稍微考虑一下如何跟别人要他想要的东西。"

第二天早晨，她惊奇地发现自己桌上有一块旧纸板，上面写着一个星期的菜谱：

星期一——金枪鱼

星期二——果冻

星期三——金枪鱼

星期四——果冻

星期五——香肠，但只有在没有金枪鱼的情况下接下来的一周，凯瑟琳描述了她对自己和黛安破裂的关系作出的反应。她说，有好几个小时，她都因为失望而无法做任何事。她不停地想，"我又成为孩子的敌人了。虽然学到很多方法和知识，但我把自己和黛安推回到以前的惩罚的死胡同中去了。现在黛安可能会自暴自弃，把一切都推到她'残酷的妈妈'身上。她也许是对的，不过，不是因为我残酷，而是因为我的麻木。

"为什么我要指责自己？我不是能够给出完美答案的完美母亲。难道孩子对自己的行为不能负起一定的责任吗？扰乱课堂的人不是我，是黛安……吉诺特博士会怎么说？我猜他会说，黛安不需要惩罚，她需要的是父母能够支持她——而不是反对她——当她努力寻找解决办法时！……我不知道自己是否能这么做，不知道我是否有足够的技巧和力量。"

凯瑟琳慢慢地开始思考黛安对学校的所有抱怨。也许不应该否认她的负面情绪。如果她觉得老师恨她，也许有一定原因。即使不存在，她的感觉也应被人倾听。

但是，事情的另一面呢？黛安两门课都不及格，还用"老师恶毒"作借口，应该明确的是这不是解决问题的适当方法。

然后凯瑟琳想起学校设立了一个收费很低的功课辅导项目，一位邻居的孩子就去过，结果很理想，也许可以帮助黛安。有一位友好的高中生辅导功课，黛安可能会觉得轻松，因为对方也是年轻人，她还会得到启发。

凯瑟琳的感觉好起来。

她觉得自己脑中形成了初步的计划。首先，她会告诉孩子自己的真实感觉，但这次不能辱骂孩子。

"当我看到成绩单时，我惊呆了，非常失望，愤怒在我体内沸腾。有些话我不是故意要说的，我现在已经平静下来了。"

其次，她给黛安足够的时间讲述自己的想法。她会认真倾听和理解黛安的感受。

"你很难从自己觉得不喜欢你的老师那里学到什么东西——特别是像法语和数学这种难度高的科目。

她会努力不去阻止黛安说出内心的任何想法，如果能怀着开放的心态倾听，很可能会发现很多隐含的问题。

第三，她会和黛安一起找到解决问题的方案。

"黛安，必须通过这些科目，现在，怎样通过就看你的了。"

也许他们可以共同探讨各种可能性，也许在适当的时机提出建议会有帮助。

"你觉得和学校辅导员见个面怎么样？"或者，"你也许愿意考虑参加学校的辅导项目。"

凯瑟琳说，她越来越清楚自己应该扮演什么角色，就是在孩子试图自己找答案的时候给她支持。

和黛安谈话之后，她说自己的原话不像原来脑中练习的那么流畅，但是，中心思想是一致的。黛安的话不多，但是当听到辅导项目的建议时，她摇摇头。

"我不需要辅导，妈妈。"她说。"我们班有个女孩学习很好，她可以帮助我赶上去，还不用花钱。"

凯瑟琳说，她当时想争论——想迫使孩子接受辅导——但是她忍住了。她说："那么你打算自己想办法，我知道了。"接着她激动地搂着女儿。

长期以来，我一直在琢磨"愤怒"这个主题。我就像一条年迈的斗牛犬一样，连着好几个月不停地啃着同一块骨头——闻着骨头的每一部分——把它翻来翻去——咬着每一处硬边，希望哑出每一丝骨髓。

现在，我可以休息一下了。我们的这三段经历——凯瑟琳的、海伦的、我的——似乎集合到了一起，告诉我那个自己曾经疯狂找寻的答案：**我不必那么惧怕自己的愤怒。没有人会被愤怒摧毁。即使我完全失去控制——也不会失去所有，总有一条返回的路。**

这真是一种解脱！我不再陷入负罪感和失望中无法自拔。我可以抽身——继续前行。我有办法帮助自己。

我的内心在不停向我传达一套全新的信息。上次愤怒爆发以后，我就开始试着记下它对我说的内容：

"这不是世界末日。人人都能违背他自己的行为标准——如果愤怒到一定程度的话。不要对自己太苛求。不要再自我谴责了。你可以利用某些负罪感——促使你作出改变。多余的负罪感只会把你推到一边或者让你瘫痪。"

我会对自己说："暂时的消沉无法击垮我。它无法告诉我我是谁，我是那个我选择成为的人——而且我还没有结束。我仍然在成为那个人的路途中。已经发生的让人沮丧——懊悔——但是，重要的是，事后我如何引导自己。"

我会对自己说："如果你无法马上找出弥补错误的办法，不要惊慌。给你自己时间——和你的所有痛苦感觉相处的时间，这时你不必非要找出答案，可以处在不确定的状态。没有捷径。只有在给自己时间之后，你才会开始思考如何帮助别人。不能心急，要顺其自然。"

然后，当那种痛苦、困惑的情绪平息了一点，我会试着建设性地思考，看看能否找出什么仍旧可以利用的东西，废墟中是否埋藏着新的启示，我可以进行挖掘并在以后使用？我需要作出哪些改变？我自己实现目标吗？或者，我需要别人的帮助和倾听吗？

如果我确实找到了有用的东西，我会考虑如何用简单、明确的语言表达出来，不责怪也不去说教。我会使用富有感染力、描述性、能够指出新方向、可以愈合伤口的语言。

我现在觉得非常冷静，甚至都不敢相信自己曾经非常焦虑。我惧怕什么？为什么不能更超脱一些？我经常听别人说："所以我发了脾气。所以我打了他，告诉他是傻瓜。那又怎么样，他知道我不是那个意思。无论如何，这话很有效，等事情过去，他就会忘了的，没什么大不了的。"

但是，这确实是件大事，我的恐惧是有原因的。不加约束的怒火造成的伤害从来不会是小事。我自己见证过一系列的愤怒爆发是怎样破坏掉最好的关系，让它变得脆弱不堪的。我也见过仇恨的话语是怎样凝结为阴暗的回忆的——回忆也许会慢慢黯淡，但不会完全消失。

现在我知道，我们应该从爆发中学到智慧，不过难免受伤，总会出现一些破损。当你准备对孩子说出攻击性的言论时，最好强迫自己把注意力转移到需要关注的方面。

我原本以为，如果我研究了愤怒的本质，就会永远避免暴力的冲动。这种想法可能有点疯狂，但是我的工作取得了显著的进展，几乎有些神奇，我想，"为什么不呢？为什么我不能实现最后一个奇迹？"

好吧，我没有做到，当我回到脚踏实地的状态，我安慰自己：也许没有为我特设的诺贝尔奖，但是，我已经赢得了许多小奖项——它们都同样珍贵：

我学会了很多特殊的技巧，它们能够让我依靠。

我意识到，我和我的家人不像我曾经惧怕的那样脆弱。

我已经接受了现实：我永远不会完全控制愤怒。每次愤怒袭来，都会具有全新的攻击性，每次我都会努力找出一种文明的方式表达我野蛮的感觉。

吉诺特博士说得对，这确实是一生的工作。

第 13 章

重新定义好父母

* 父亲最重要的职责是帮助孩子喜欢他（她）自己。
* 我们在一点点地修改自己心中好父母的肖像。
* 新肖像将赋予父母和孩子更多的尊严。

父母的新肖像，带给一家人最幸福的面孔。

我们高兴地看到伊芙琳回到了她原来的座位。她很想念最近的三次课程。吉诺特博士热情地欢迎了她，还询问了她家人的情况。

伊芙琳疲倦地微笑着："我觉得孩子们还不错，但是我丈夫不太好。"她告诉我们，她的丈夫马蒂犯了一次心脏病，他现在在家中休养，医生对他的进展感到满意，但是他们还面临其他问题。

看起来孩子们在因为父亲出院而高兴之后，又开始了抱怨："爸爸和以前不一样了，他不再和我们玩拳击或者送我们上床睡觉了。他甚至不和我们玩棒球了！"

"你可以想象出这些话多么让马蒂难过，"伊芙琳说，"我认为孩子的失望给他带来的痛苦比心脏病还严重。他觉得对于孩子们来说自己不再是称职的父亲。"

吉诺特博士同情地听着，"伊芙琳，做父亲和拳击或者打棒球这些活动没有任何关系。我知道父亲和孩子们在公园中玩棒球的景象非常有吸引力，但是，别人也可以教孩子打棒球。一位父亲的工作是帮助儿子有良好的自我感觉。"

"有良好的自我感觉？"伊芙琳怀疑地重复道。

吉诺特博士解释道，"父亲的最重要职责是帮助孩子喜欢自己——和孩子们交流，让他们明白自己是好人、值得受到尊重、别人喜欢与自己相处、自己的感觉和思想是有价值的。"

"我要是带着录音机就好了，"伊芙琳叹息道，"听听这些对马蒂有帮助……我还希望我能知道一些安慰孩子们的方法。最近的经历对他们来说非常不容易。父亲住院时，他们非常难过，现在他回家了，但孩子们还面临很多限制，比如不能带朋友来玩。他们甚至不得不踮着脚尖在房子周围走动，说话轻声耳语。他们不喜欢这样。"

吉诺特博士稍微有些不耐烦地说："伊芙琳，父母的作用难道就是让孩子一直快乐吗？"

"确切地说不是，"伊芙琳抗议道，"但是，任何一位母亲都不愿意看到她的孩子悲伤或者哭泣。"

"对我来说，"吉诺特博士回答，"孩子的笑声和眼泪同样重要。我不会一厢情愿地想要带走他的失望、悲伤和痛苦。情感可以使人格高贵。我们的感受越深刻，就越像人类。"

伊芙琳发现一时难以接受这个观点，"你是说，不快乐可能对孩子有好处？"

"我绝不会刻意让孩子不快乐。但是，当出现问题，我会将它视为教导孩子的机会，让他们知道可以依靠自己想出解决方案。伊芙琳，你丈夫的恢复期可以成为孩子变成熟的机会，他们会有更多的思考，担负更多的责任。他们可以从经验中成长——只要你不毁掉这些机会。"

伊芙琳看上去迷惑不解，"我不确定是否理解。"

吉诺特博士什么都没有说。

伊芙琳咬着嘴唇，皱着眉头望向地板。几秒钟后，她开口了，"你是说我对待孩子的态度很重要？"

"你是怎么认为呢？"

"我认为，"伊芙琳沮丧地说，"如果我怜悯他们，就会使他们自我怜悯。"又一阵沉默。"现在我应该知道更多！你说过多次，我们的工作不是让孩子快乐，而是帮助他们更有人性。我还要听多少次这条概念才能完全吸收消化？"

吉诺特博士做了个顺从的手势。"我们要调试多少次小提琴才能让它保持准确的音调？"

伊芙琳不解地看了他一会，她无助地微笑着。有人不耐烦了，她讲出了自己的问题请大家讨论。但是我无法把注意力集中在讨论上，我困扰于刚才听到的问题，宁愿多思考一会……伊芙琳带来两个观点，关于父母应该是什么样子的——父亲和儿子玩球，母亲致力于让孩子快乐。这些观点对她或她的家庭都没有帮助。她今天学到了两个非常不同的对父母角色的解释，也许它们对每个人都有更大的帮助。

我觉得，我们每个人在某种程度上都在和自己赛跑。我们在脑子里预先构想了一幅图画，画上展示着好父母应该是什么样子的，然后我们努力让自己变成画上的样子。当我们的感觉和行为与脑中图画吻合时，我们就得到了满足。反之我们就焦虑、愧疚、郁闷。不知怎么，我们会觉得辜负了孩子和自己。

环顾四周，我发现有位女士在情绪热烈地发言，其他人倾着身子认真地听着，还有少数人在笔记本上写着。突然，我意识到，5年来，一些非常重要的事情在这里发生：我们一点点地修改着自己心中的好父母的图片，不只是修改！我们其实在从头创作一幅全新的肖像。

那一刻我非常想向后退几步，看看整幅肖像是什么样子的。我尤其想知道它和原来的图画有什么不同。吉诺特博士刚才提到过一些重要的不同之处，那其他的呢？

我想起的第一条是我们对待愤怒的态度。

我们曾经认为，好父母应该有耐心——冷静、理智，从不

叫嚷。

现在我们知道，没有必要压抑自己的愤怒，我们会把它全面地表达出来，但不会使用侮辱的方式，我们表达的是自己的感觉、价值观和期望。

我们曾经认为，好父母应该总是为孩子服务——帮助他做作业、回答他所有问题、为他想出问题的解决方案。

现在我们知道，父母有时"不帮助就是最大的帮助——杜绝孩子对你的依赖。"

我们曾经认为，父母要做到言出必行。

现在我们知道，我们可以改变想法和观念，跟随当下的感觉走。

我们曾经总是以为，父母的某些负面情绪是"不正确"、没道理甚至应该引以为耻的。

现在我们知道，感觉没有对错，感觉真实存在。重要的是我们如何对待自己的感觉。

到目前为止，我喜欢自己看到的图画。当然，比起原来那一张，它更不会带来压力、不会让你有负罪感，对父母们更友好，那么它也同样对孩子有好处吗？

过去我们从未想过，自己的说话方式会影响孩子，只要他们知道我们爱他们。我们脑中的想法会影响口中的话语。

我们仍然喜欢默契，但是，我们现在也明白言辞有着强大的力量，应该努力把有帮助和有害的话语区分开来。

过去我们从不知道应该怎么对待孩子的强烈感情。我们觉得自己应该要么说服他们，要么引导他们不要那么想："别那么说，亲爱的，在你心里你是爱自己的姐妹的。"

现在我们知道，当我们承认孩子的感觉时，就给了他健康成长的机会和力量。

过去我们总是认为，父母应该决定哪些东西对孩子最有好处。

现在我们知道，每次我们允许孩子自己经历复杂的抉择过程时，我们就给了他一次无价的经验——对现在、也对孩子将来的独立而言。

过去我们认为，父母的职责是"为孩子定位"，跟他解释为什么他的一些安排是鲁莽的和不现实的。

现在我们知道，外部世界太残酷，父母的特权之一就是培养和浇灌孩子的梦想。

我们曾经认为，告诉孩子他有什么做得不对，他就会改进。如果我们叫他说谎者，他会变诚实；如果我们叫他笨蛋，他会变聪明；如果我们说他懒惰，他会变勤劳。

现在我们知道，父母只有假设孩子已经成为他能够成为的那种人，然后像那样对待孩子，才能让他进步。

上述内容只是清单的一部分。还有很多其他观念的变化，它们直接影响了我们的行为。我们不再惩罚孩子；我们不再总是坐在那儿评判他们；我们仍然对孩子有坚持、有要求、有期盼，但是，总会采取能够保护他们尊严的方式。

尊严！这是旧肖像和新肖像之间的根本区别！新肖像一直给予父母和孩子更多的尊严。

我的思绪回到自己孩子身上。他们察觉到了我为他们而做出的所有改变吗？他们能开始体会到我打破旧模式、拼接新模式的努力有多难吗？

我想起昨天和吉尔的对话。她下午一直不高兴。我在她床边坐了一整晚，听她一个问题接一个问题地倾诉：她和朋友艾米丽吵架了。班上开始学习代数，可她一点都不懂。她那篇主题关于纳粹德国的社会研究报告，还有两天就要上交了，可她还没开始写。

我那幅"好父母"旧肖像立刻被激活了。"你算哪门子母亲？"它敦促道，"不要只坐在那儿，你的孩子不高兴了，做点什么！告诉她，她很聪明，一定会学好代数。警告她，不要再在最后一秒完成报告。至于艾米丽，告诉吉尔，让她顺其自然吧。"

但是，我还和另一幅肖像有联系，它更新，比旧的更有说服力。所以，我只是坐在那儿，很少说话，倾听她全部思想和感觉——有些内容听了好几遍。逐渐地，她开始探索一些可能的解决方案。我还是听着。然后，我试探性地提供一些自己的建议。虽然没解决什么问题，但是，过了一会儿，我能看出她不再紧张了。我帮她盖好被子，说："好了，你已经制定好很多目标了。"

她抓住我的手，握了一会。我亲亲她，关上灯，准备离开。

吉尔叫道："妈妈？"

"我在。"

在昏暗的房间里，我几乎都能感觉到她在努力寻找一种能够表达内心想法的方式。她终于开口了，语调庄重，"我可以告诉你……你知道我在想什么吗？"

"什么？"

"我想，如果希特勒有你这样的妈妈，他就不会成为希特勒了。"

我微笑起来。她真的认为自己的母亲能够单枪匹马地扭转历史吗？

接着，我重新考虑了吉尔的"赞美"。实际上，她是在表示感激，不仅是感谢自己的母亲，也是在感谢那种把所有人类联系起来的方式，这种方式深刻地影响了她和她的家庭。

渐渐地，我明白了。我那单纯的孩子也许是对的，如果真像她说的，如果爱的感觉足够多，就可以防止希特勒的出现——为什么呢？因为每个人都有希望！

我弯下腰又亲了她一下，"年轻的小姐，"我说，"你给了我很多值得思考的东西。晚安。"

后 记

　　本书出版几个星期之后，我们收到了第一封来信。我们激动不已。有人真的读了这本书！还喜欢它！我们自豪地在文件柜里安放了一个新文件夹，给它贴上标签——"信件"。也许我们还会收到更多的信。

　　现在，几乎20年过去了，一只抽屉里塞满了信，我们一直不舍得把它们丢弃。下面是一些来信的节选：

　　我哭着读完了整本书，因为那些理智又不乏慈爱的方法确实对孩子有帮助。它让我改变了自己13岁起就形成的观念："我不会要小孩。"因为我不想对他们粗暴或者忽视他们，我怕自己会这样。现在，知道还有如此不同的对待孩子的方式，我现在的想法和过去有了天壤之别。

　　附言：我丈夫和我期待着宝宝的出生。真正的考验来临了！

———————————

　　你们的书给我们全家带来了巨大的帮助，为走进死胡同的问题带来了解决的希望。一种全新的平静和亲密的气氛降临了这个家。我和孩子的关系已经有了明显的改观。我越是熟练运用书中的观念和方法，就越能收获更多的爱与真诚。

我得到了解放！11年来，我一直想做个好妈妈，我不得不满足每一个人的要求，结果把自己累垮了。现在，我知道我可以在善待自己的同时成为好妈妈。

来信者并不都是父母。下面的内容节选自一位高中高年级学生的来信：

我从你们的书里收获了很多东西。几天前，我女朋友哭着告诉我，她表弟得了白血病，我一边听她讲，一边试着描述她感受到的痛苦和愤怒。终于，她平静下来，说要给表弟写信。

还是同一天，我爸爸因为拔牙和他的家具店天花板的吊顶塌陷了而抱怨不已，我对他说，同时遇到两件烦心事，他一定非常不好过。过了一会，他就能想通了。

一位老师写信告诉我们：

我没有孩子，但是我觉得你们的方法可以用在学校教学中。读了泰德帮助互相敌视的孩子、解决了他们的争斗的故事之后，我试着用他的办法帮助我们小学的两个男孩。通常，他们的吵闹会以至少一个男孩被送到校长办公室告终。下面是我的实践过程：

（背景是学校餐厅，我是负责午餐执勤的老师。）

克里斯托弗：（咒骂何塞）我准备杀了何塞！我要使劲揍他。

老师：（拦住他）孩子，你生他的气了！

克里斯托弗：他把我的铅笔扔到楼下去了！

老师：何塞，克里斯托弗不喜欢你把他的铅笔扔到楼下，他气疯了！

何塞：我只想看看能扔多远。

老师：（对克里斯托弗说）噢，我知道了，何塞不是故意气你的。他只想看看铅笔能扔多远。好了，现在他知道你不喜欢那样了。我认为你没有必要担心这事会再发生了。

克里斯托弗：最好别发生。

何塞：（拿出铅笔）给你，克里斯托弗，你可以扔我的铅笔。

老师：学校里不能扔铅笔。你们可以放学后到外面扔。

战役结束，我觉得自己是个天才！

一位女士感谢我们解放了她在结婚后就开始扮演的角色：

大约一年前，我丈夫开始遇到中年危机，我们的关系一团糟。至少可以说，读到你们提出的沟通方法让我觉得正是时候。（我第一次尝试它的时候，我丈夫说："我完全知道你在做什么，可是我喜欢！"）我敢说，你们书中提出的独立疗法、联合疗法还有那些观点不仅拯救了我的婚姻，还在很大程度上改善了我们的关系。

人们甚至认为我们创造了医学奇迹：

你们的书消除了我的"潮热"症状。我以为我的人生得到了改变（我42岁了），但是，当我试图改变和孩子的关系时，他们却疏远了我。我的医生总是告诉我潮热是神经过敏的表现，不过我不相信他的话。

不是人人都那么热情：

我强烈反对你们书里主张的那种宽容放任的态度。我长大后，父母已经不相信"不打不成材"的说法了。但是，当我们犯错时，就要挨打或者受罚。我的兄弟姐妹们和我出落得都不错。我们现在很尊敬自己的父母，我怀疑你们书里的孩子不会像我们一样。

―――――――――

如果我要按照你们的方法来，就得改变我说话方式的每一个细节。我想，在开口之前停下来，衡量拿捏每一个词，是很荒唐的。另外，我听起来也会像一个第一流的滑头。

还有盖着外国邮戳的信件，比如来自新西兰的：

我的童年很不快乐，因为父母虽然在乎我，但是缺乏技巧，无法积极地对待我要强的天性。我的专业是教育心理学研究。但是，当我成为一个要强的儿子的母亲时，却感觉自己陷入了我父母的模式。我的研究工作是非常理论化的，所以无法帮助我和6岁的儿子。然后，我买了你们的书！它让我的所有理论变得有血有肉，而且，对我来说最有鼓励意义的是，它让我明白，成为有技巧和提供正面帮助的父母需要多年的不懈努力。无论如何，它帮助我改变了态度，大大提高了自信。我儿子现在很快乐，虽然他只是个平凡的6岁小孩，但我喜欢和他在一起！

来自瑞典的：

读了你们的书，我想跑到大街上喊："我找到了！我找到了！"牛顿发现万有引力的时候一定也有这样的感觉。我发现我们做父母的人还有希望！

我们收到一封来自印度尼西亚的很有思考意义的长信，是一位年轻人写的。我们的书让他对自己的成长历程深有感触，下面是一些节选：

> 我名叫祖比尔，今年25岁，单身，是4个孩子中的老小……我遇到了困难，我现在的年龄已经成年了，但是，我的内心仍然没长大。问题在于：为什么对我来说成为成熟的人那么难？我的朋友们都说我幼稚，实际上我觉得这是真的。
>
> 我不想说我父母不好，但是，我五六岁的时候，他们很少让我参加什么活动，也很少叫我坐在他们身边谈心。比如："祖比尔，你觉得爸爸这样做怎么样？"或者，"你觉得那部电影怎么样？"我从没体验过在他们面前自由表达想法的感觉，他们从不给我机会说话——四目相对、心与心之间的那种交流。实际上他们训练我闭着嘴巴服从命令，不能有异议！
>
> 长成青少年之后，我从来不敢在班里或者社交场合畅所欲言。我没有自信……所以我抓住每一个机会寻求帮助。但是，有时我觉得一旦形成了某种性格你就很难改变它。

来自土耳其的：

> 作为父母和社会学与社会心理学的老师，我难以用语言表达发现你们这本非凡的书时的快乐心情。我希望有一天人们能对童年经历的决定性因素给予足够的重视，希望像我们这样的人可以让其他人倾听全世界孩子的心声，让他们不再是无助的弱者。

我们还高兴地得知，我们的工作给面对特殊挑战的孩子带去了帮助：

> 我的女儿，萨拉，今年4岁半，她有严重的听力损伤。最

近，她的老师推荐了你们的书。我读了两遍，它给我带来了欢笑和眼泪。但是，最重要的是，它让我思考，让我迈出了第一步，在与女儿谈话（或者做手势）时倾听自己的声音，让我提出问题：我要给孩子传达什么样的信息？我怎么才能以不同的方式处理某种情况？我已经极大地改变了自己和女儿的关系……她一直给我带来惊喜。

还有一些父母希望告诉我们他们是怎样运用在本书中学到的技巧的。我们很喜欢下面这些描述：

教了一天课之后，我回到家。下着大雪，孩子们在厨房里假装骑马，我说，"我刚刚读了一本关于父母和孩子的书，上面说孩子不喜欢长篇大论的解释，父母应该语言简洁，所以我要说话了，你们在听吗？

下雪……

铲子……

出发！"

他们真的去了。

———————————

早晨是最糟的，我丈夫和我不得不同时去上班，两个小女儿也得做好准备和我们一起走。（我们把3岁那个送到保姆那里，6岁那个送到学校。）问题是，两个孩子行动起来慢吞吞的。我总是得唠叨："你们穿上鞋了吗？你们刷了牙了吗？"几乎每做一件事都得我催着。

所以，一天晚上，吃过晚饭，我们坐在一起，制作一张她们每天应该怎么做的流程表。（为了最小的女儿，我画了一张带注解的图。）

洗脸

刷牙

穿衣

收拾床

吃早饭

这一招非常管用。现在，每天早晨她们都会跑来跑去地查阅这张图，昨天她们的动作比我们还快！我希望一直都这样。

我丈夫没有耐心听我念关于如何做父母的书，包括你们的，我刚读完你们的书，想把它推荐给丈夫。但是，我发现他在观察我运用新技巧的过程。昨天晚上，我告诉儿子，"你有以下选择，斯考蒂，要么今晚走到床边睡觉，要么蹦着过去。你来选吧。"司各特很吃惊，接着他蹦着上床睡觉了。我得告诉丈夫这有多神奇。

今天，他被司各特惹火了，因为儿子没放好他的小三轮车。他喊道："你有两个选择！"（我不敢相信自己的耳朵。）然后他想了一会，说："你妈妈会告诉你它们是什么！"

一位母亲，她的孩子有一些长期存在的问题，她给我们描述了自己第一次运用我们的方法后发生的事情：

> 我有个9岁的女儿，她还会发小孩子脾气。她出生的时候有肚子疼的毛病，现在还没好。当她开始发脾气，脸色就变紫，四肢乱动，开始撕心裂肺地尖叫。实际上，能持续好几个小时之久。她从来不会屈服，总是我让步。
>
> 我什么方法都试过了：
>
> 她不予理睬。喊得更响了。简直是纯粹的折磨，我让步。
>
> 约束她。她开始又踢又打，我让步。
>
> 隔离她。她把房间里的东西撕个粉碎，我让步。
>
> 抱着她说我爱她。她挣脱开，喊得更大声。
>
> 给她吃苯那君（根据一位医生的建议），她睡上12个小时，我则一直心存愧疚。
>
> 打她。噢，上帝！音量降下来了，她每天对我怒目而视，一有机会就表达对我的仇恨。
>
> 昨晚，我看完你们的书，她又开始发公主脾气，我喊道："伙计！你疯了吗！赶快！找出纸笔给我画一幅画，告诉我你的感觉。"
>
> 她沉默地看着我，接着用一种非常有教养的语调说："这是我一生中听到的最愚蠢的主意。"然后她该干什么就干什么去了，不过，她确实停止了发脾气！这是头一次。
>
> 我觉得你们一定愿意知道这个故事。

其实，很多人"愿意我们知道。"我们在全国各地举办基于本书的研讨班的时候，我们遇到很多父母，他们告诉我们他们是如何在孩子身上使用那些技巧的。我们很高兴有这些反馈，每次听到一个我们认为会对其他父母有帮助的故事，我们就记下来。下面的两段经历是来自两位单身母亲的，她们说看到"通过想象给孩子现实中你无法给他的东西"这句话后，非常受启发。

　　我儿子（7岁）自从父亲离开后变得极端敏感，无论什么琐事都可以把他弄哭。今年万圣节，我帮他刻完南瓜（过去是他爸爸和他一起做这件事），让他把南瓜搬到外面的门廊上，他不小心把南瓜掉在地上。

　　泪水开始在他脸上奔流，他的南瓜磕掉了牙。我知道我得赶快想个主意，便说："我知道了！我们把掉下来的牙齿放在南瓜下面，看看南瓜牙仙子今晚会不会来，留下什么东西。"

　　他立刻不哭了，说："世界上没有南瓜牙仙子！"但是他露出一点笑意。

　　我说："你怎么知道的？你见过你的牙仙子吗？"

　　当然，他说："没有，"所以我说："你会见到的。今晚，一个大南瓜会飞到门廊这儿，给你的小南瓜带来礼物。"

　　这个故事给我们带来非常多的乐趣，最后我们把南瓜的牙齿用牙签固定回去，我觉得能够帮助他战胜失望的感觉太棒了。

　　我15岁的女儿发现一件"完美"的连衣裙，但是它太贵了。我告诉她，现在我和她父亲离婚了，钱很紧张，所以我负担不起那件衣服。她生气了，一直闷闷不乐。我试着和她讲道理，但没有效果。

　　突然，我想起"想象"这个工具，就改变了策略，我说："我猜，比起我们的汽车，你更想要那条裙子。"

　　"是的，"她说，"把车卖了吧！我们就可以买裙子了。"

我说："我敢说你也会把房子卖了的。"

"对！还要带上家具。"

"所有家具？"

"是的，甚至包括你卧室里的。"

她接着转换了话题，但是过了一会她又说，自己可以通过挣钱来买那条裙子。（我赞成这个主意！）

下面的故事来自一位正在离婚过程中的女士：

我的儿子们，一个7岁，一个3岁。我要上班，我的"前婆婆"放学后帮我看着7岁的那个儿子。我讨厌下班后去接他，我总会说："我们得走了，"他说："不，我不想走。"小儿子也插嘴："我们想留在这儿和奶奶在一起。"奶奶则用"我也没办法，他们喜欢在这儿"的表情看着我。我只好多呆一会，心里却很不好受。

读了书里"父母也是人"这一部分后，我意识到自己一直在让孩子操纵着。当我和儿子们坐在一起时，突然很想告诉他们我所有的感受。我说："听着，我整天工作，我的汽车是和别人合伙使用的，我得先送他们，然后还要去托儿所接比利，接着又要去奶奶家接马克。我不喜欢等人，那让我生气，我只希望回家，和我的孩子在一起，吃晚饭、休息，有自己的时间。"

我7岁的儿子看上去很惊讶，他说："我不想让你生气，当你到奶奶家的时候我会准备好的。"

我3岁的儿子说："我会留在车里等你出来，这样你就不用生气了。"

我不敢相信。现在，如果马克想多呆一会，他就在我上班时打电话给我，征求我的同意。甚至奶奶过生日的时候，他也告诉她自己不能留下。他说如果自己不准备好，妈妈会生气的。所以我婆婆给我打电话，问我是否可以让马克多留一小会——"就这一次"，我感觉很好，我解放了！

我们很高兴能收到来自继父母们的来信。他们告诉我们，在重组的家庭中，能够真诚地互相交流自己的感觉，还要不伤害对方，是特别重要的事情。他们发现"字条"是一个很好的形式。

我和继女（14岁）之间出现了沟通问题，她现在和我们住在一起。我们之间在说话的时候非常容易闹矛盾，主要争论焦点就是她那些邋遢的习惯。她妈妈总是跟在她身后唠叨，我却不会这样做。

一天，我回到家，看到她请了几个朋友过来，起居室里到处都是脏碗碟和食物。我愤怒了，我知道光靠说永远打动不了她，她的敌意太强烈，听不进去。我同时也怕如果和她说话，我会讲出一些让自己后悔的内容。所以，我坐下来写了一张字条：

亲爱的珍妮弗：

起居室里一团糟，我很生气。你有权利带朋友过来，我也有权利保持家中整洁。如果你不愿意在朋友走了之后收拾垃圾的话（如果你不愿意，我不会责怪你的），也许你可以先让他们自己收拾。那样的话，我会很感激。

她接受了我的建议，她的敌意也开始融化了。

最近，我迅速成为了母亲，因为我和一个有两个儿子的男人结了婚，孩子们一个3岁半，一个5岁。我读了你们的书，我觉得自己可以马上运用的方法就是写字条。我知道听起来有点疯狂，但我想告诉你们，即使孩子很小无法阅读，字条也

管用。

例如，孩子们从不记得使用马桶的时候先把坐垫掀上去，我总是得坐在弄湿的坐垫上。呃！所以我在一张很大的纸上写了几个字，贴在马桶水箱上，上面说：

我讨厌湿坐垫！

爱你们的 雷切尔

5岁的孩子问："厕所里的纸上写的什么？"

我读给他听，他笑起来，说："噢，我知道了。"很快，他也"读"给3岁的弟弟听。接下来的两周，我坐湿马桶的次数屈指可数，这是个巨大的进步。

最让我们惊奇的是那些来自父亲们的反馈。当我们第一次办讲座时，听众几乎都是母亲，父亲只有零星几个。在过去的10多年中，父亲的数量稳定增长，他们现在几乎占据了1/3。发生了什么？男人们自己给出了答案：

我和我父亲之间从来没建立过亲密的关系，我不想和自己的孩子也这样。

————————

我父亲一直很严厉、冷漠，整天工作，到了晚上就埋头在报纸里，我希望自己的孩子们了解我。

最近的科学研究结果证明，这些父亲的愿望可以实现。《今日心理学》上的一篇文章针对年龄跨度40年的两百多名父亲进行了研究。他们的结论是："来自父亲的温暖和关注可以使男孩自信、灵活，女孩成熟、自立。"

但是，如果一个男人没有从他父亲那里得到过温暖和关注，那么他成为父亲后就要面对挑战。在我们的一堂讲座上，一位父亲恳求我们理解他，他说："你们女人终生都在练习如何做母亲，大多数男人可没有练习过怎么做父亲。我们希望自己的努力得到承认，我们也许会犯错误，但是我们需要鼓励。"

大家来看看！我们现在可以高兴地宣布，如今的一些父亲也愿意告诉大家他们在做什么：

我妻子离开后，我就承担起监护三个孩子的责任，我突然意识到过去家里之所以干净，是因为她在清理。我试图让孩子们帮忙，但是无论我怎么大喊大叫，让他们打扫房间，他们也不为所动。他们不知道怎么做或者如何开始。现在，我会说："好了，孩子们，三样东西！"他们知道，这句话的意思是，每个人都负责放好三样东西，至于是什么东西，他们自行选择。让我来告诉你，当归置好12件东西（还包括我的三件）之后，家中面貌就焕然一新了！

———————————

我女儿（8岁）攒了很长时间的钱，为了买一只特别的娃娃。终于，她看到广告上说，在本地的玩具店里出售这种娃娃。

她激动不已。这个星期六，我们冒着暴风雪来到玩具店，发现这里不卖广告上说的娃娃。更糟的是，店员的态度还不好。

她一整天都很难过，无论怎么安慰都不行。晚饭时，她都不怎么吃。这时，我们头顶的灯泡灭了。我给她一张纸，说："你愿意给玩具店写封信，告诉他们你的感受吗？"下面是她写的：

亲爱的RUs玩具店：

当我发现你们店里没有"口渴的步行者"娃娃，可却在广告里说有这种娃娃出售时，我觉得很生气。我爸爸和我特意出门去你们那里买娃娃，我们甚至冒着大雪。当我们回到家，我哭得很厉害，如果你们想给我写信的话，这是我们的地址……

她写完这封信之后，就能吃下饭了。

———————————

最近，我和两岁的儿子马修进行了一次最疯狂的谈话。我们在餐室一起吃早饭，不知怎么，马修一直盯着厨房，"那里面有什么，爸爸？"他问。

"什么也没有，"我告诉他。

但是他不满足，"那里有什么？"他又问。

我把问题丢给他："你觉得那里有什么？"

"一只妖怪。"他睁大眼睛看着我说。

我的第一个反应是否认他的说法："别傻了，我们家厨房里没有妖怪。"但是我控制了自己，我问他："他长得什么样？"

"他是绿色的。"

"他在干什么？"

"他饿了。他在找切尔瑞欧麦片吃。"

"你想邀请他留下来吃切尔瑞欧麦片吗？"

"不。"

"好吧，那么，你可以让他离开。"

马修看着厨房，使出所有力气喊道："妖怪走开！"

"他走了吗？"我问。

"他已经上车了。"马修说。

你们刚才读的故事都是父母在某一种情况下是如何运用技巧的。这儿的最后一封信来自一位在不停地出现各种问题的儿子身上运用我们书中的原则15年之久的母亲。

给你们写这封信，是因为我希望你们知道，你们的工作对我的儿子意味着什么——虽然他本人并不知道。我会从头开始讲起。杰弗里很小的时候，我和他之间没有真正的问题，我第一次担心他是在他刚上学的时候。我注意到他孤独、只有几个朋友。不过，他看上去似乎并非特别不快乐，他的成绩也不错。当他13岁的时候，我真的开始担心了。他有不对劲的地方，脾气忧郁易怒。他开始考试不及格。我不知道发生了什么，我们的关系一直剑拔弩张：他说东，我说西，他会脾气爆发然后旋风般冲出房间。我还注意到他看上去很奇怪，瞳孔总是扩大，我带他去看儿科和眼科医生，他们什么也没检查出来。最后，我带他去一位精神科医生那里做鉴定，听到结果后我惊呆了，杰夫在吸毒——大麻、兴奋剂、镇定剂他都吸——但是，更让我难过的是，在我们进行了几次交流之后，医生说，当我和丈夫教育杰弗里的时候，虽然我们的出发点是最善意的，但是，杰弗里却认为这是对他的羞辱。我哑口无言，我最不想做的事情就是羞辱自己的儿子。

然后发生了两件事：有人给我一本你们的书；我母亲打电话来。她询问杰弗里的情况，我不小心说出了事实。她立刻开始教育我：

"你带他找医生检查了吗？他做了尿检没有？你怎么找到这个精神科医生的？通过格特鲁德？好吧，我不太相信她的判断力。我不知道谁应该负责，但是我只是无法理解，在一个聪明、有能力的孩子身上居然会发生这种事。"

挂上电话，我深受打击。接着我顿悟了，我母亲的话让我觉得自己很傻很没有自信，她对我说话的方式和我对杰夫说话的方式一模一样！突然间，我在你们书中读到的所有内容都说得通了，以前从未这样。（我跳过了很多内容，因为它主要针对的是青春期以前的孩子。）我坐下来又读了一遍，这一次我没有关注那些故事，而是注意语言和技巧。

逐渐地，我开始变化。当我每次打破原来的说教模式，耐心听他说话时，我似乎手持钥匙打开了一扇门。例如，他英语考了D，平时，我会说："你怎么能得D！我非常失望。你知道自己有能力，这告诉我你没有用功，你肯定没有发挥潜力。"

这次，我说："唔……那么你是怎么想的？"

他耸耸肩，但是，过了一会，他承认自己并不愿意这样，我只是点点头。

下一次考试结束后，他拿回家一张写有B的英语成绩单，但是我没告诉他自己为他感到自豪。我说，"伙计，你把成绩从D提高到了B！我敢说你对自己真的很满意。"

最奇怪的是，通过逼迫自己这样说话，我真的变了，变得确实希望知道他对考试成绩的感觉。当他为自己高兴时，我也确实为他高兴。

甚至在他考得不好的时候，我也试着找出一些可以表扬他的事实。我丈夫还试了"像他已经成为我们希望他成为的人那样对待他"这种方法。我们不知道他什么时候停止吸毒的，但是，有一天，我们突然意识到，这不再是个问题了。

下一个困难来临了，他恳求我们允许他退出学校的常规教育，参加他学校的非常规教育项目。我一点都不喜欢这个主意，这种缺乏计划性的项目，尤其是对杰夫这样有"历史"的孩子来说，在我看来完全不对路。我可以强迫他继续接受常规教育，但是我丈夫支持他，所以我不情愿地签了同意书。

结果证明，这是我作过的最好的决定。

杰夫像火箭发射那样突飞猛进。他成为报纸编辑、参加戏剧表演、写诗和小故事等等。我从未见过他如此快乐。我觉得，新的教育项目加上我们在家中的努力，使他获得了前所未有的创造力。

我想，我们终于走出了阴霾，但是他的大学生活却成了噩梦。也许那所学校不适合他，也许因为他离家太远，或者因为他没有真正的朋友——没有真正的目标。无论如何，杰夫越来越消沉，甚至一度想自杀。我忧心如焚（我丈夫就有个兄弟自杀了），我说服杰夫去学校附近的一位精神医生那里看看，让医生给他一些建议和药物。

那几年，我们频繁电话联系，每次我打电话，都好像是在和一个死人对话。我疯狂地寻找着能够把他拉回正常生活的一线希望。

我再一次意识到原则的重要性。知道自己不能"让他高兴起来"，我便试着了解他的悲伤，然后，逐渐地给他介绍一些积极的东西。每次谈话结束的时候，他似乎又找回了自我。大学高年级的时候，他对生活似乎又燃起了一点希望，还问我们如果他参加一个博士研究项目的话会怎么样，我们都鼓励他尽管去做。

……无论你是否相信，杰夫现在是一位大学教授了，还是个非常出色的教授。他在同事间有着很好的声誉，得到了学生们的喜欢和尊敬。从另一面看，他仍然是个复杂、难懂、情绪化的人。但是，当我想想他走了多远的路，我们的关系经历了多大的改变才有今天的时候，我会感激不已。有一个时期，他不喜欢我们，现在他喜欢。他曾经不信任我们，现在他信任。如果我和丈夫没有改变，那么再给他找100位精神医生也没有用。如果我们没有接受并把那些原则铭刻在脑子里，我不知道现在的杰夫会怎样。

　　我们过去从没收到过这样的信件，从未听说有父母能够在孩子身上坚持这么长时间。我们再一次、也是更加深刻地意识到：父母的力量是无限的。有那么多的力量塑造了孩子的生活——性格、智力、外貌、健康、文化、时代还有纯粹的幸运——这些东西我们都无法控制，我们能够改变的东西太少了，必须接受的东西太多了。然而，我们确实有力量决定自己与孩子交流的方式，我们可以选择自己的语言和态度。有时候，这些选择能够改变孩子的命运。

为了更深入的研究……

　　如果你愿意和其他父母一起讨论和实践本书中的沟通技巧，可以查询阿黛尔·法伯和伊莱恩·玛兹丽施编写的《如何说孩子才会听 怎么听孩子才肯说》图书系列的相关信息。该系列包括一本指南、父母练习册、角色扮演的材料、作者举办的每次研讨班的录音。欲知更多细节，请把一只写有发信人姓名地址、贴有邮票的商业信封寄到如下地址：

Faber/Mazlish Workshops

P.O. Box 37

Rye, New York 10580

鸣 谢

感谢我们的孩子：凯西、莉兹、约翰·玛兹丽施；卡尔、乔安娜、亚伯拉罕·法伯，多年来，他们把自己的想法和感觉与我们分享。每个人都用自己的方式对这本书作出了贡献。

感谢莱斯利·法伯，他付出很多时间阅读我们早期的草稿，他的评论和问题总是让我们重新思考、完善和更明确地阐述我们的思想。

感谢罗伯特·玛兹丽施，他读过我们写的第一本不忍卒读的书，终于看到了本书的完成，他对我们的信念使我们相信自己。

感谢我们小组的成员，我们与他们分享了生活中的各种故事，每次聚会时，我们都从他们的支持中吸收养料。

感谢我们的编辑罗伯特·马克尔，他悉心指导出版过程的每个环节。

感谢弗吉尼亚·埃克斯莱博士、多萝西·巴鲁奇博士、塞尔玛·弗莱伯格博士和卡尔·罗杰斯博士，他们的著作帮助我们确立和发展了自己的经验。

感谢爱丽丝·吉诺特博士，她热情地鼓励我们，提供了很多有用的评论。

特别鸣谢海姆·吉诺特博士，他认真阅读了我们的原稿，提供了无价的建议，他一直是我们的灵感源泉。我们感谢他允许这本基于他的亲子沟通理论的书出版。

图书在版编目（CIP）数据

解放父母　解放孩子/（美）法伯，（美）玛兹丽施
著；孙璐译.--上海：上海社会科学院出版社，2016
　书名原文：Liberated Parents Liberated Children
　ISBN 978-7-5520-1013-8

　Ⅰ.①解… Ⅱ.①法…②玛…③孙… Ⅲ.①家庭教
育 Ⅳ.①G78

中国版本图书馆CIP数据核字（2015）第228522号

解放父母　解放孩子

著　　者：〔美〕阿黛尔·法伯　　〔美〕伊莱恩·玛兹丽施
译　　者：孙　璐
责任编辑：唐云松　李　慧
出版发行：上海社会科学院出版社
　　　　　　上海淮海中路622弄7号　电话63875741　邮编200020
　　　　　　http://www.sassp.org.cn　E-mail: sassp@sass.org.cn
印　　刷：天津旭丰源印刷有限公司
开　　本：889mm×1194mm　1/32
印　　张：8.75
字　　数：120千字
版　　次：2016年1月第1版　2018年5月第2次印刷

ISBN 978-7-5520-1013-8/G·423　　　　　　　定价：32.80元

版权所有　翻印必究